최저임금 1만원
- 알바들의 유쾌한 반란

최저임금 1만원

알바들의 유쾌한 반란 개정판

박정훈 지음

박종철출판사

차례

개정판 머리말

욜로와 알바

2014년에 봄에 나온 『알바들의 유쾌한 반란』은 박근혜 정권 시절에 쓴 것입니다. 그 책이 담고 있는 '최근'은 2013년입니다. 2013년 최저임금은 4,860원이었습니다. 2018년 최저임금은 7,530원입니다.

올라간 최저임금만큼이나 나라도 바뀌었습니다. 박근혜는 국민들의 촛불시위로 청와대에서 쫓겨나 감옥에 갔고, 문재인이 대통령이 됐습니다. 생소했던 단어 "알바노동자"는 몇몇 언론사와 방송사에서도 사용하기 시작했습니다. 당연하게도 2014년의 『알바들의 유쾌한 반란』은 낡은 것이 됐습니다.

무엇보다도 시대정신이 바뀌었습니다. 사람들은 변화된 상황에 맞춰 자신의 생각들도 바꿉니다. "88만원 세대"로 시작된 청년 담론은 현실의 잔혹함을 냉정한 경제학자가 보여 준 것이었습니다. "헬 조선"과 "죽창"은 차가운 현실을 냉소와 분노로 조롱한 것이었습니다. 그리고 사람들은 점점 현실을 받아들이기 시작했습니다. 이를 가장 빨리 인식하는 것은 역시 대중문화지요. 방탄소년단의 노래 「Go Go」를 듣게 됐는데, 그 가사가 웬만한 인문학자나 사회비평가들의 글보다 낫습니다.

DOLLAR DOLLAR 하루아침에 전부 탕진/ 달려 달려 내가 벌어 내가 사치/ 달려 달려 달려 달려/ 달려 달려 (중략)

열일 해서 번 나의 pay/ 전부 다 내 배에/ 티끌 모아 티끌 탕진잼 다 지
불해/ 내버려둬 과소비해 버려도/ 내일 아침 내가 미친놈처럼/ 내 적
금을 깨 버려도 (중략)
YOLO YOLO YOLO YO/ YOLO YOLO YO/ 탕진잼 탕진잼 탕진잼/
YOLO YOLO YOLO YO/ Where my money yah/ 탕진잼 탕진잼 탕진잼/
YOLO YOLO YOLO YO/ YOLO YOLO YO/ 탕진잼 탕진잼 탕진잼/
YOLO YOLO YOLO YO/ Where the party yah /탕진잼 탕진잼 탕진잼
(중략)
고민보다 Go/ 고민보다 Go/ 고민보다 Go Go (Everybody!)

　세상이 말세라고 한탄하는 분들도 있겠지만, 시대의 산물이라 여
기고 한 번 살펴보는 게 더 유익할 것 같습니다. 다양한 해석이 가능
하겠지만, 제가 주목하는 것은 '욕망'입니다. 단순히 '소비주의'라
고 치부해 버리기엔 시사하는 바가 너무 많습니다. '월화수목금금
금' 일해서 돈을 모으지만, 밑 빠진 독에 물 붓기에 지나지 않는다 합
니다. 그럴 바에야 독을 깨 버리고 지금을 즐기자는 해결책을 제시합
니다. 지금의 욕망을 억제해서 얻고 싶은 더 큰 욕망이라는 게 사라
져 버렸습니다. 부국강병에 대한 욕망도, 민주화에 대한 야망도 없습
니다. 불가능한 꿈을 꾸라 하지만, 꿈을 꾸지 않으면 굶어 죽을 수밖

에 없는 처절한 현실도, 꿈을 꾸지 않으면 견딜 수 없는 불의도 보이지 않습니다. 무엇보다도 꿈꿀 수 있는 한가함이 사라져 버렸습니다. 그 자리를 대신하는 게 함께 힘을 모아야만 달성 가능한 내일의 꿈이 아니라 오늘 나의 힘으로 달성 가능한 소비입니다. 산업화 시대의 욕망도, 민주화 시대의 욕망도 함께 꾸는 꿈이라는 점에서 같았다면, 오늘날의 소비는 홀로 꾸는 꿈이라는 점에서 다릅니다.

이것을 소비주의라는 부정적인 언어로만 '퉁치는' 것은 위험합니다. 소소한 행복을 얻기 위해 탕진과는 정반대의 방법이 제시되기도 했습니다. 예를 들면 영수증을 두고 "그뤠잇"과 "스튜핏"으로 평가하는 프로그램이 있습니다. 소비를 통제하고 아끼면 희망이 온다는 겁니다. 이를 위해 서로의 삶에 대해 개입도 하고 조언도 해 줍니다. 물론, 상담자가 직접 요청했다는 점을 잊지 말아야 '꼰대'가 되는 것을 피할 수 있을 겁니다. 적당한 거리에서의 걱정과 개입은 삶의 연대가 가능할지도 모른다는 희망을 줬습니다. 사라진 대의를 채우는 것은 대의보다 중요한 삶입니다.

우리의 욕망은 '평범하게 사는 것'이 됐습니다. 평범하게 사는 것이 가장 어려운 일입니다. '소시민'이라는 단어가 과거에는 수동적이고 순응하는 삶을 나타냈다면 오늘날은 '소시민'이 꿈이 됐습니다. 그렇게 해서 탄생한 단어가 평범한 것에 반한다는 "노멀 크러시Normal

Crush"입니다. 물론, 이 평범함에도 새로운 욕망과 희망이 있습니다. 회사에 인생을 바쳐도, 나라에 충성을 다해도, 매일 아침 지옥철 타고 출근하고 막차 타고 퇴근해도 나아지지 않는 삶이라면, 성공과 인생을 바꾸는 극단적인 선택을 하지 않는 겁니다. 그 대신 적당한 행복을 바라는 것이지요. 월 300만원과 주 40시간 이하 일하면서 1년에 한 번쯤 해외여행을 갈 수 있는 삶이라면 '행복'을 논할 수 있겠습니다. '일과 삶의 균형'을 뜻하는 영어 'work and life balance'의 줄임말 '워라밸'도 같은 욕망입니다. 이런 상황에서 "아프니깐 청춘이다"와 같은 담론은 설 곳을 잃고 조롱거리가 됐습니다. 이전 시대의 경험에 바탕을 둔 조언들은 꼰대를 판별하는 기준이 됐습니다. 우리가 삶의 양이 아니라 질에 대해서 논하기 시작했다는 것은 매우 긍정적인 일입니다. 사회에 비유하자면, 경제성장에 대한 열망이 아니라 경제성장의 결과를 향유하고자 하는 열망이 생겨난 것입니다.

하지만 바뀌지 않은 것이 있습니다. 이 지극히 평범하고 소박한 욕망과 꿈조차 받아줄 수 없는 우리 사회의 정치경제적 현실입니다. 우리가 일하는 일터는 꿈과 욕망이 삭제되는 좌절의 공간입니다.

근로기준법 지키라고 하면 해고됩니다.

주휴수당 달라고 하면 해고됩니다.

노조 한다고 하면 해고됩니다.

임금을 주지 않아 노동청에 신고하면 합의하라 그럽니다.

따지고 목소리 내고 주장하면 싸가지 없는 사람이 됩니다.

알바를 하다가 부당한 대우를 당했다고 하면 열심히 공부해서 다른 일자리를 알아보라고 합니다.

놀면 백수라고 비난하고, 알바라도 하면 알바라고 무시하고, 정규직이면 정규직 이기주의라고 욕하고, 공무원 시험을 준비하면 꿈과 패기가 없다고 비난합니다.

결혼 안 한다고 비난하고, 애 안 낳는다고 이기적이라고 하고, 애 낳으면 '맘충'이라 욕하고, 육아휴직을 쓰면 이기적이라고 욕합니다.

욕망의 시대라 하지만 특정한 계층의 욕망은 여전히 허용되지 않는 시대입니다.

광장에서 권력자를 규탄하는 구호는 함께 외치기도 쉽고 확신을 가지기도 쉽습니다. 편의점 계산대 앞에서 동전을 던지는 손님을 규탄하는 말은 꺼내기도 어렵고 확신을 가지기도 어렵습니다.

시민의 권리와 노동자의 권리는 구분되고, 알바의 권리는 소비자의 욕망 앞에 무릎 꿇습니다.

"알바들의 유쾌한 반란"이 아직 필요한 이유입니다.

이 책은 2014년에 나온 책을 크게 수정하고 보강한 것입니다.

제1장 「알바의 눈으로 세상 보기」와 제2장 「알바생 vs. 알바노동자」는 합쳤고, 제3장 「프레카리아트의 탄생」과 제4장 「최저임금 1만 원」에서는 낡은 통계자료를 최근 통계자료로 바꾸었습니다. 그렇지만 예전 제4장에는 지금도 여전히 유효한 논리들이 많이 담겨 있습니다. 왜냐하면 최저임금 인상을 공격하는 논리가 변하지 않았기 때문입니다. 고용을 줄이고, 물가를 올리며, 영세자영업자들을 벼랑으로 몬다는 겁니다. 그에 대해서는 2014년에 나온 책에서도 충분히 설명했습니다. 다만 2018년 최저임금이 예전보다 많이 오르면서 새로운 논쟁 지점이 생겼고, 그에 대해 개정판에 추가했습니다. 예전 제5장 「알바노동자들의 반격」은 완전히 새로 썼습니다. 당시에는 이제 막 시작된 알바노동자들의 운동이었기 때문에 역사가 짧아 정리할 내용이 별로 없었습니다. 하지만 그동안 알바노동자들의 다양한 목소리와 움직임이 있었습니다. 결론은 언제나 같습니다. 대안은 대통령이 아니라 우리 자신입니다.

마지막으로 영원한 "알바들의 대변인"이었고 이 책의 최초의 기획자였던 고 권문석에 대해서 말하고자 합니다.

2014년 그가 세상을 떠났을 때 기어 다니던 권도연 양은 이제 초등학교 입학을 앞두고 있습니다. 그의 동지이자 아내 강서희 씨는 알바노동자들의 고충을 해결해 주는 알바상담소를 설립하여 소장으로 일하고 있습니다.

세월이 많이 흘렀고 '최저임금 1만원'을 둘러싼 상황은 많이 변했습니다. 이번에 새로 내면서 이 책도 많이 바뀌었습니다. 그것이 책에서 기획자의 이름을 뺀 이유입니다.

그래도 2018년 6월 혼탁한 최저임금 논쟁에서 가장 그리운 목소리는 분명 권문석의 목소리입니다. '하늘 위의 꿈' 같았던 그의 주장은 이제 '땅 위의 현실적인 정책'이 됐습니다. 땅 위에 있는 우리가 무엇을 해야 할지도 분명합니다.

"알바노동자들의 유쾌한 반란"은 계속될 것입니다.

2018년 6월

박정훈

알바들의 대변인 권문석이 하고자 했던 이야기

이 책은 알바들의 대변인 고 권문석 알바연대 대변인이 우리에게 내 주고 간 숙제에 대한 긴 답변입니다.

우리에게 그의 생애 마지막 모습은 2013년 6월 1일 알바연대 활동가들을 모아 놓고 벌인 강연이었습니다. 한국경영자총협회('경총')는 최저임금이 10원이라도 오르면 국가경제가 무너지고 고용이 줄어든다는 논리, 심지어 최저임금이 이미 생계비보다 높다는 논리를 한창 펼치고 있었습니다. 그는 경총이 작성했거나 활용하고 있는 자료를 책 한 권 분량으로 출력해서 우리에게 '뿌렸습니다'. 그리고 그 자료들을 검토해서 경총의 논리에 대한 반박 글을 적어 제출하라는 숙제를 냈습니다.

그 다음 날인 6월 2일 새벽, 그는 세상에 숙제를 남기고, 그리고 '최저임금 1만원 농성'을 앞두고 갑작스런 심장마비로 35세 젊은 나이에 세상을 떠납니다.

그날 강연에 참가한 사람들은 당장 숙제를 할 수가 없었습니다. 그가 하려고 했던 일들을 해야 했던 것입니다. 권문석 대변인은 6월 말 우리의 임금을 결정하는 최저임금위원회에 대응해서 최저임금1만원위원회를 구성하고, '최저임금 1만원'과 관련된 정책 대안을 마련하고, 알바들의 입장을 대변하기 위해 농성할 계획이었습니다.

권문석의 부인 강서희 씨는 「남편 권문석을 다른 세상으로 보낸지 한 달이 되었습니다」라는 글에서 이렇게 말합니다. "6월 8일, 불광사에서 남편의 초재를 시작으로 토요일마다 재를 지냅니다. 매주 재를 지내고 학동역 최저임금위원회 앞 최저임금1만원위원회 농성장에 들렀습니다. 남편이 살아 있다면, 그 현장에서 '최저임금 1만원' 쟁취를 외치고 있었겠지요. 하지만 그곳에는 남편을 추모하는 작은 현수막이 하나 걸려 있습니다. 그리고 다른 사람들이 남편의 몫까지 열심히 농성하고 있습니다."

2013년 6월, 알바연대는 정말로 열심히 싸웠습니다. 박근혜 대통령이 있는 청와대를 찾아가 '4,860원짜리 나쁜 시간제 일자리'에 대해 이야기했고, 경총 건물로 찾아가 최저임금 '0원 인상'에 대해 항의했습니다. 최저임금이 결정되는 6월 말에는 최저임금위원회 앞에서 난장을 피웠습니다. 수차례 연행되기도 했지만, 최저임금 인상 문제를 사회적 화두로 만들어 냈습니다.

농성이 끝나고 이 숙제를 빨리 해야겠다고 결심한 것은 우연히도 『아프니까 청춘이다』라는 베스트셀러 작가 김난도 교수의 신간 『김난도의 내:일』 때문이었습니다. 자신이 청춘에게 닥친 문제를 너무 개인 책임으로 몰아간다는 비판에 답하기 위해, 자신의 저작에 사회적 관점이 없다는 비판에 답하기 위해 이 책을 냈다고 했습니다. 그런데 그가 낸 책은 향후 유망한 직장에 대한 안내서, 잡 트렌드에 대한 것이었습니다. 그가 생각한 사회학적 관점이란 유망한 직장을 분석하여 알려주는 것이었습니다. 청춘들은 전도유망한 직장을 알아내서 그 직업을 쟁취하기 위해 노력하면 된다는 것입니다. 한국 입시 제도가 문제라는 지적에 대한 대답으로 향후 입시 트렌드를 설명해 주는 꼴인 겁니다. 이 책이 또 베스트셀러가 되고 김난도 교수가 자신 있게 사회학적 관점을 갖춘 책이라고 말하게 되는 것이 우려됐습니다. 그러한 역할을 김난도 교수가 맡게 할 것이 아니라 알바연대와 같은 곳이 담론을 생산하고 제출해야 한다고 생각합니다.

두 번째로, 희망 없는 삶이 개개인 탓이 아니라고 이야기할 필요가 있었습니다. 2013년 9월 현대경제연구원에서 한국인들을 상대로 한 설문 조사에서 '노력해도 계층 상승이 어렵다'라고 답한 비율이 75%를 기록했습니다. 10명 가운데 7명이 넘는 사람이 삶이 더 나아질 것이라는 희망에 부정적이었던 것입니다. 이러한 절망 속에서 대한민국 자살률은 세계 1위를 기록하고 있습니다. 20대 사망 원인 중 45%가 자살입니다. 매년 250명의 대학생이 자살로 사망합니다. 빈곤, 취직이나 사업의 실패 등 경제적 실패, 그리고 이를 바라보는 시선이 자살의 중요한 원인입니다. 졸업식이 곧 실업식이 되고 실직이 세상에 대한 하직이 되는 세상, 경제적 실패가 삶의 실패가 되는 나라입니다.

희망을 가질 수 없는 세상에서는 희망보다는 오히려 차가운 현실을 이야기할 필요가 있다고 생각했습니다. 아무리 노력해도 결코 무너지지 않는 절망적인 벽이 존재한다는 이야기를 누군가 할 필요가 있습니다. 좋은 대학에 못가는 것, 비정규직이 되는 것, 일자리를 찾지 못해 백수가 되는 것, 혹은 사업에 실패하는 것이 오롯이 개인 탓은 아니라는 것을 이 책에서 말하고자 합니다. 이러한 절망 속에서 자신을 탓하며 개조하려다 끝내 자신을 파괴할 것이 아니라 세상을 탓하고 세상을 바꾼다면 우리 삶도 바꿀 수 있다는 희망을 발견해보자고 제안하고자 합니다.

세 번째로, 기업에게는 너무나 관대하고 노동자들에게는 너무나 잔인한 현실 때문이었습니다.

이 책을 쓰고 있는 와중에 「근로기준법」을 지키라고 요구했던 아르바이트노동조합 조합원 10여 명이 해고되는 일이 있었습니다. 편의점, 주유소, 액세서리 판매점 등 각기 다른 곳에서 일하던 조합원들은 근로계약서를 쓰자는 요구, 최저임금 규정을 지키라는 요구, 휴게시간을 달라는 요구를 했다는 이유로 모두 해고됐습니다. 법에 보장되어 있는 요구를 할 때조차도 사장님들은 '알바가 어디 감히'라는 인식을 가지고 있었습니다. 심지어 '당돌해서 짤랐다'라고 이야기하는 사람도 있었습니다.

3,000명을 정리해고하고 24명이 세상을 떠나게 한 쌍용자동차는

회계 조작을 통해 회사가 어려운 것처럼 꾸몄다는 것이 드러났지만 아무것도 바뀐 게 없습니다. 쌍용차 노동자들은 여전히 거리에서 싸우고 있습니다. 현대자동차 역시 사내하청 비정규직이 불법이라는 대법원 판결에도 불구하고 사내하청 비정규직을 정규직으로 전환하지 않고 있습니다. 싼값에 사용하는 아르바이트노동자들의 죽음이 계속되고 있습니다. 2012년에 일하다 다친 사람은 9만2,000명이며 사망한 사람은 1,864명으로, 매일 5명이 일하다가 죽어가는 셈입니다. 기업에게는 관대하고 노동자에게는 잔인합니다. 부당한 일을 당하는 사람에게 세상은 '바보'라고 하거나 '너무 순진하다'라고 이야기하지만, 정작 자신의 요구를 이야기하면 '모난 놈이 정 맞는다'는 사회의 냉엄한 현실을 맛보게 됩니다. 하늘은 스스로 돕는 자를 돕는다고 하지만, 공정하게 보이는 법과 제도 역시 함께 모여서 싸우지 않으면 우리를 보호해 주지 않습니다.

이 책은 함께 힘을 모아 우리가 살아가고 있는 공동체를 바꾸자고 제안합니다.

책은 크게 세 부분으로 이루어져 있습니다.

제1장과 2장에서는, 세상이 평범한 사람에게 가르치고 광고하고 알리는 내용에 대해 의문을 제기하며 어떻게 세상을 바라봐야 하는

지를 밝혔습니다. 우리는 학교에 가서 교육을 받습니다. TV를 통해 우리가 경험하지 못한 다양한 사람과 사건에 대한 이야기를 알게 됩니다. 신문과 언론을 통해 현재 벌어지고 있는 일들을 접합니다. 광고와 인터넷을 통해 다양한 서비스와 상품에 대한 정보를 획득합니다. 이러한 교육과 정보를 누가 제공하고 있는지, 그 내용이 진실인지에 대해서 비판적으로 생각하기는 힘듭니다. 사회를 눈에 보이는 그대로 받아들이는 것이 아니라 사회가 어떻게 구성되어 있는가를 비판적으로 사고하는 것을 '사회학적 관점'을 지닌다고 부를 수 있을 것입니다. 그리고 우리가 살아가고 있는 세상에 의문을 던지는 것을 '철학적 질문'이라고 할 수 있을 것입니다. 사회학적 관점과 철학적 질문으로 세상을 보면, 권력과 이데올로기, 그리고 그것이 가져오는 효과에 대해 알 수 있을 겁니다. 이 책 앞부분에서는 아르바이트노동자들과 사회적 약자의 시각에서 사회적 권력과 이데올로기가 이들을 어떻게 지배하는지에 대해 설명하고자 했습니다.

두 번째 부분인 제3장과 4장은 이를테면 '최저임금 1만원'의 경제학과 사회학입니다. 『맨큐의 경제학』을 비롯해 우리가 학교에서 배우는 것이 주로 사장님들을 위한 경제학이라면, 이 책에서 다루는 경제학은 알바들의 경제학 또는 비정규 불안정 노동자들의 경제학이라고 불러도 좋을 것입니다.

경제를 분석하고 '최저임금 1만원'의 근거를 이야기할 때는 철저하게 정부 자료나 사장님들 자료를 사용했습니다. 정부나 사장님들이 이야기하는 문제들을 해결하기 위해서도 '최저임금 1만원'이 필요하다는 이야기를 하고 싶었습니다. 아르바이트노동자, 비정규직노동자에게 좋은 경제가 사실은 모두에게 좋은 경제라는 이야기입니다. 경제는 어려운 그래프 속에 있지 않습니다. 만약 경제학 교과서의 그래프가 평범한 사람들이 삶을 꾸려나가는 데 불리하게 그려져 있다면 이 그래프에 대해 비판적으로 생각해 볼 필요가 있습니다. 교과서에서 경제는 수요공급곡선을 그리는 것이겠지만, 현실에서 경제는 나와 이웃의 삶을 그리는 중요한 문제입니다. 그래서 최저임금이 오르면 고용이 줄어든다고 설명하는 그래프를 아르바이트노동자의 입장에서 다시 그려 보기도 했습니다. '최저임금 1만원'이라는 상상이 허무맹랑한 것인지 알아보기 위해 다른 나라 사례도 검토해 보았습니다.

세 번째 부분인 제5장에서는 그래서 어떻게 세상을 바꿀 것이냐에 대해 말했습니다. 어느 시대나 사회를 바꾸는 것은 비슷한 과정을 거칩니다. 세상의 문제를 인식하고, 그런 사람들이 모이고, 모든 사람들이 분노하여 문제가 터집니다. 그래서 세상에 대해 공부하고 조직을 만드는 것이 우리가 할 수 있는 일입니다. 엄청난 돈을 벌어서 돈의 힘으로 세상을 주무른다거나 여당 국회의원에게 접대나 로비를 펴는 건 우리가 할 수 없는 일입니다. 그것은 선택받은 소수나 이미 권력과 재력을 가진 사람만이 할 수 있습니다.

돈과 권력이 없는 평범한 사람들이 할 수 있는 일은 간단합니다. 대학생이라면 사회과학 책을 읽고 토론하는 모임, 세상의 여러 가지 문제에 대해 공부하는 모임을 만들면 됩니다. 알바연대가 그렇게 탄생했습니다. 한국 사회에 퍼져 있는 비정규 불안정 노동의 문제에 대해 고민하고 실제로 아르바이트노동자들의 실태를 조사하면서 이러한 현실을 바꾸기 위한 모임을 만들었던 것입니다. 노동자라면 노동조합이 필요합니다. 노동조합이 가지고 있는 권한에 대해 공부하고 노동조합을 중심으로 사람들이 모여서 권리를 이야기할 수 있습니다. 그리고 거대하게만 보였던 사장님들과 기업을 상대로 동등한 위치에서 만날 것을 요구하고 원하는 사항을 전달할 수 있습니다. 물론, 이런 일들이 말처럼 쉽지만은 않습니다. 이것은 머리로 세상에 대해 이해하는 일이 아니라 가슴으로 결심하는 일입니다. 알바연대와 알바노조의 이야기가 세상에 대한 이해와 평범한 사람들의 용기에 작은 보탬이 되기를 바랍니다.

평범하지 않은 책값 10,420원은 2014년에 적용되는 시간당 법정 최저임금의 두 배, 곧 두 시간 노동했을때 받게 되는 최저임금입니다. 이를 알리고자 출판사에서 그렇게 가격을 정했습니다. 이 책이 그만큼의 가치는 있다고 생각합니다.

　권문석 대변인이 우리에게 '뿌린' 자료 가운데 많은 것은 그새 낡은 것이 되었습니다. 취지에 맞는 최신의 자료들을 이용해 숙제를 마쳤다고 해서 그가 뭐라 하지는 않을 것입니다.
　하늘에 있을 영원한 알바들의 대변인 권문석, 그의 아내이자 이제 알바연대의 상근자인 강서희, 그리고 두 사람의 딸 권도연에게 이 책을 바칩니다.

2014년 2월

박정훈

알바 여러분, 다른 건 다 필요 없고
간만 크면 됩니다!

알바연대 대표 김순자

저는 2003년 9월에 울산과학대에 청소 노동자로 입사했습니다. 나중에 안 사실이지만 하청 업체에 비정규직으로 취직한 것이지요. 비록 더럽고 힘든 일이지만 대학이란 곳에서 청소 일을 하면 내 자식 같은 학생들이 조금 더 깨끗하고 좋은 환경에서 공부할 수 있게 하는 보람을 가질 수 있을 거라고 생각했어요. 또 돈도 벌 수 있으니 처음엔 기분이 참 좋았습니다.

내가 배우지 못했기에 지성인들이 있는 대학은 어떨까, 얼마나 많이 배우고 공부하면 교수님이 됐을까, 얼마나 훌륭하면 총장님이 됐을까 하고 생각했습니다. 입사 원서를 내러 학교를 찾아왔을 때 엘리베이터 안에는 이런 글귀가 있더군요. "책을 읽고 지식을 얻는 것은 약한 자를 돕고 사랑할 힘을 얻기 위함이다." 이런 멋진 명언을 보고는 역시 지성인들은 다르구나 했습니다. 그만큼 부푼 기대를 안고 열심히 청소 일을 했지요.

눈이 오면 눈을 치우고, 화단을 가꾸라면 꽃을 심고, 무거운 짐이나 책상 등을 옮겨 가며, 어쩌면 청소는 뒷전이고 잡무 처리에 온갖 허드렛일을 다 했습니다. 나는 분명히 청소를 하러 취직했는데, 본업은 절반이고 그저 학교에서 시키는 대로 잡무만 하는 날이 많았습니다. 그렇게 일하고 받은 월급이 60만원. 당시 직영 청소 노동자들은 임금으로 240~250만원 정도를 받아 가더군요.

'어떻게 이럴 수가 있나? 똑같은 학교에 근무하면서 일은 우리가 한 시간이나 더 하는데.' 온갖 잡무에 시달리며 무척 화가 나도 어디 말할 데가 없었어요. 일 마치고 집에 오면 늘 욕하고, 그때마다 그만둘까 생각하기를 수없이 반복했습니다. 아마 노동조합을 하지 않았다면 저는 청소 일을 그만뒀을 겁니다.

대기업만 노동조합을 하는 줄 알았습니다. 현대자동차나 현대중공업 같은 그런 큰 회사 노동자들만 노동조합을 할 수 있는 줄 알았거든요. 그런데 2006년 6월 어느 날 울산지역연대노동조합 위원장 님이 노조를 결성하자고 찾아왔습니다. 제 첫 마디는 "위원장님, 우리도 노동조합 해도 됩니꺼?"였어요. "네, 물론입더!"라는 말에 얼마나 신바람이 났는지 모릅니다. 그 길로 동료들을 설득해서 10명이 노조에 가입하고 울산과학대 지부를 만들었습니다.

같은 해 9월쯤이었을 겁니다. 서울에서 장애인들의 이동권 투쟁이 있다며 민주노총에서 같이 연대 투쟁을 가자고 해서 따라갔던 적이 있습니다. 그때 저는 깜짝 놀랐습니다. 장애인들이 전동 휠체어를 타고 광화문 앞에 모여 투쟁하는 모습을 보면서 말이죠. 어느 장애인이 '하늘이 보고 싶어서 시설에서 탈출했다. 우리가 뭐 짐승입니까?' 하고 절규하는데, 정말이지 감동하고 말았습니다. 그날 얼마나 울었는지 모릅니다.

나는 그동안 내 문제에 대해서 얼마나 제대로 말하면서 살아 왔을까? 돌이켜보면 그때부터 생각이 많이 바뀌게 된 것 같아요. 노조한다고 해고하는 부당함에 맞서 60일간의 천막농성 끝에 원직 복직이라는 승리를 얻었던 일도, 생각만 하면 눈물이 나는 수많은 연대 동지들에게 빚 갚는 심정으로 열심히 노조 하자고 조직하고 투쟁했던 일도, 결국에는 2012년에 국회의원 후보와 대통령 후보로까지 나오게 된 일도, 모두 그때부터 시작된 것 같습니다.

처음엔 똑똑한 사람이 국회의원이든 대통령이든 해야 된다고 생각했습니다. 자신도 없었고요. 근데 한편으로는 저와 같은 처지의 사람들에게 못 배운 청소 노동자도 국회의원이 될 수 있고 대통령도 될 수 있다는 희망과 용기의 씨앗을 뿌리고 싶은 마음이 점점 커지더군요. 제가 즐겨 하는 말 중에 하나가 '노조는 다른 건 다 필요 없고 간만 크면 된다' 입니다. 그렇게 노조 하자고 사람들을 설득하다 보니, 저도 모르는 사이 제 간도 더 커졌던지 대통령 후보가 되기로 결심한 순간까지 있었습니다.

우여곡절 끝에 치른 대통령 선거에서 가장 성공한 일은 바로 알바연대의 씨앗을 뿌린 것이라고 생각합니다. 저를 지지하며 함께 선거운동을 한 청년들이 "알바들의 대통령"이라는 구호를 내걸고, 저의 '최저임금 1만원' 정책을 가장 핵심적인 내용으로 외치기 시작했습니다. 명동과 홍대 거리에서 인형 탈을 쓰고 알바들의 지지를 호소하고 다녔지요. 그랬습니다. 저 같은 청소 노동자보다 더 열악한 알바노동자가 있었던 것입니다. 저임금에 불안정한 비정규직으로 내 자식 같은 청년들이 내몰리고 있었습니다. 그렇게 선거가 끝나고 2013년 1월 2일에 곧바로 '비정규·불안정노동자와 함께하는 알바연대'가 출범했습니다. 그리고 저는 기꺼이 대표를 맡았습니다.

이 책에는 알바연대가 해 온 너무나도 소중한 일들이 기록되어 있습니다. 이 세상에 처음으로 알바들의 노조가 생긴 사연이 빠짐없이 적혀 있습니다. 그리고 알바연대 대변인이었던 고 권문석 동지의 뜻도 생생히 담겨 있습니다.

알바 여러분, 아니 알바노동자 여러분! 저는 여전히 최저임금을 받는 비정규직 청소 노동자로 일하고 있습니다. 하지만 잘못된 현실을 똑바로 고치자고 당당하게 말하는 사람이 됐습니다. 저보다 꿈과 희망이 더 크고 많을 여러분들에게 60년을 살아온 청소 노동자가 진심으로 말씀드립니다. 우리 함께 간 큰 알바들의 유쾌한 반란으로 꿈과 희망을 만들어 냅시다!

이 책이 나올 수 있게 밤낮으로 헌신해 온 알바연대 모든 동지들에게 지금 이 말을 꼭 하고 싶습니다. 사랑합니다.

2014년 2월 울산에서

제1장

알바생 vs. 알바노동자

알바, 망한 인생의 상징일까? 자유의 상징일까?

"알바하기 좋은 나라, '알바선진국.'"이 충격적인 슬로건은 NGO나 정당이 아니라 한 기업의 구호입니다. 바로 알바천국. '알바천국'이라는 이름의 기업이 탄생했을 때, 상당히 오묘한 기분이 들었습니다.

내가 살아가고 있는 알바의 현실은 '지옥'인데 천국이 있다니, 이 무슨 말일까? 핸드폰 데이터를 대가로 천국에 잠깐 접속한다고 해도 지옥 같은 풍경은 달라지지 않았습니다. 하나같이 최저시급 일자리뿐이었고, 그마저도 연봉은커녕 시급마저 표시하지 않아 임금 액수가 궁금한 일자리가 수두룩했기 때문입니다. 알바들에겐 천국의 환상마저 허용되지 않습니다.

더 충격적이었던 것은 알바들이 시위하는 모습을 광고로 만든 '알바몬'이었습니다. 혜리가 알바당까지 창당했으니 알바들의 정치적 야망까지 담은 광고입니다. 알바몬의 로고에는 "청춘, 뿔을 달자"라는 슬로건이 함께 적혀 있습니다. 내용만 보면 정말 훌륭합니다. 알바몬의 BI 소개에 따르면, '못된 송아지 엉덩이에 뿔 난다'라는 말을 전복하기 위해 그런 표현을 일부러 선택했다고 합니다. 알바몬의 설명을 직접 들어 봅시다. "기성세대의 청년에 대한 이미지를 넘어선 당당함과 도전정신, 개척정신, 가치, 차별화 저력, 자질, 상승과 성장 등의 다양한 의미를 담고 싶었다."

두 기업 모두 알바 일자리를 중개하는 역할을 하기 때문에 알바노동자들을 타깃으로 하는 광고를 만드는 것은 이해할 수 있습니다. 하지만 자영업자 입장에서는 불편부당해야 할 인력 업체가 한쪽 편을 드는 느낌이 들 수도 있을 것입니다. 이 같은 광고가 '뜰' 수 있었던 이유는 두 가지 정도라는 생각입니다.

하나는 시대정신입니다. 지금까지 알바노동자들은 근로계약서를 쓰기는커녕 최저임금이나 주휴수당도 제대로 받지 못하고 일해 왔습니다. 우리 사회와 노동시장에서는 이것을 배움, 수습, 임시적 일자리, 영세자영업자의 어려움 등 다양한 이유로 정당화해 왔지만, 오늘날에는 그것이 부당한 관습이었다는 가치를 공유하기 시작했습니다. '알바 주제에 무슨 최저임금이냐'라는 말을 사적으로는 할 수 있지만 공공연하게 떠들 수는 없는 시대입니다. 긍정적인 변화입니다. 또한 그만큼 알바노동이 보편화되기 시작했다는 것을 의미하기도 합니다. 10대 청소년부터 60대 노인까지 다양한 연령과 성별, 인종, 국적의 사람이 알바를 합니다.

또 하나는 근본적인 권력 차이입니다. TV와 미디어 속에서 아무리 알바가 당당한 나라를 외치며 시위를 해도, 현실의 알바노동자들은 사장의 말 한마디면 '짤릴' 수밖에 없습니다. 고작해야 말없이 알바를 그만두는 '알바 추노'라는 저항을 할 수 있을 뿐이지만, 집단적 저항이나 제도적 저항이 아니라는 점에서 능동적이라 볼 수는 없습니다. 게다가 도망간다는 것은 지금 하고 있는 일자리가 내 모든 것을 걸고 지킬 필요가 없는 최저의 고만고만한 일자리라는 것을 뜻합니다. 최저의 일자리는 얼마든지 있습니다. 오래 일할 정도로 매력적인 일자리가 없을 뿐입니다. 그래서 맘에 안 들면 언제든지 이동할 수 있습니다. 사장님들에게 TV 속 불편한 풍자와 해학 정도는 웃어넘길 수 있는 여유가 있습니다. 물론 현실 속에서 실제로 알바노동자들이 조직된 행동을 한다면 '어디 알바 주제에'라는 비난과 멸시가 뒤따릅니다. 자기 직업이 편의점 노동자라거나 카페 점원이라고 당당히 이야기하기도 힘듭니다.

알바와 관련한 이러한 분열적인 이미지와는 별도로, 알바노동 자체에 이중적인 성격이 존재하기도 합니다. 우리가 주목해야 할 지점은 오히려 여기에 있습니다. 지금까지 '좋은 일자리'란 '대기업 정규직 일자리'를 의미했습니다. 정규직이란 법적 개념은 아닙니다. '고용 기간의 정함이 없는 일자리'를 말할 뿐입니다. 따라서 정규직이라고 다 같은 정규직이 아닙니다. 평생 최저임금 받고 일하라는 계약을 맺는 무기계약직이 좋은 일자리라고 보기는 힘들 것입니다. 대기업과의 임금격차가 큰 중소기업의 정규직도 좋은 일자리라고 볼 수 없습니다. 따라서 좋은 일자리, 곧 정규직이란 '높은 임금'과 '안정성'이 보장되는 일자리를 뜻합니다. IMF 구제금융 이후 벌어진 지금까지의 노동운동도 이 정규직 일자리를 쟁취하기 위한 싸움이었습니다. 주요한 관심사는 비정규직에 대한 차별이었습니다.

하지만 한편에서는 이와 반대되는 욕망들도 터져 나오기 시작했습니다. 임금이 낮아도 '칼퇴'를 할 수 있고, 육아휴직과 출산휴가 등을 자유롭게 쓰고, 퇴직하면 안정적인 연금을 받을 수 있는 일자리를 좋은 일자리로 생각하는 사람들도 있습니다. 이들에게 필요한 것은 시간과 여유였습니다. 무한한 경쟁, 야근, 휴일근무에 시달리는 '대기업 맨'이 꿈이 아닌 사람들도 생겨나기 시작했습니다.

재미있는 사실은 알바노동에 이런 '해방적 노동'의 가능성이 있다는 겁니다. 어떤 알바 일자리를 선택할 때 그 사람의 기준은 바로 시간입니다. 자기가 일할 수 있는 시간에 짧게 일하고 나머지는 자신이 하고 싶은 일을 하고자 합니다. 또한 기업과 자기 인생을 결코 맞바꾸지 않습니다. 누군가는 무책임하다고 비난할 수 있지만, 자기 삶에 대한 책임감이 더 강하다고 말할 수도 있습니다. 자신이 일할 수 있는 시간만 일하고 조금은 직장과 동떨어져서 자기 삶을 여유 있게 꾸려 가는 삶이야말로 우리가 바랐던 해방된 삶이 아닐까요?

모두가 하고 싶은 일을 직업으로 삼으며 살아갈 수는 없습니다. 자신의 재능과 자신의 꿈이 동떨어질 때도 많습니다. 자기가 하고 싶은 일이 막상 직업으로 되면 괴로운 업무가 되는 경우도 있습니다. 다만, 자신의 꿈과 취미를 포기하지 않고 이어 나갈 수 있는 시간적, 재정적 여유가 있다면, 일과 인생의 균형을 맞춰 갈 수 있을 것입니다.

한편, 전통적 의미의 '9시 출근 6시 퇴근' 형태의 일자리 외에도 다양한 노동 형태가 나타나고 있습니다. 시간을 중심으로 한 노동 형태가 완전히 무너지지는 않을 테지만, 성과를 기준으로 한 새로운 형태가 계속해서 생겨날 가능성이 높습니다.

물론, 지금의 알바노동은 '해방적 노동'과는 거리가 멉니다. 일단

저임금에다, 고용이 너무 불안정합니다. 고용이 불안정하면 사회안전망이라도 갖춰져야 하는데 그렇지 못합니다. 저임금이라서 더 오랜 시간 일해야 하고, 사회안전망이 없으니 저임금 일자리라도 당장의 생계를 위해 잡아야 하는 악순환이 있습니다. 물론 사회안전망 대신 가족이라는 안전망이 있는 사람들은, '금 수저'라는 조금의 사회적 시기와 질투를 감수한다면, 좋은 일자리를 얻거나 심지어 사장이 될 수도 있습니다. 무엇보다도, 우리 사회의 뿌리 깊은 노동 혐오와 함께 노동시장 최하위에 있는 알바노동자에 대한 사회적 멸시와 편견이 존재합니다.

알바노동자에게는 아마도 세 가지 미래가 있을 것입니다. 첫 번째는 우리 사회가 지금의 알바노동을 방치해 두어, 사회적 성공의 기준에서 벗어난 '징벌적 삶'을 살아가는 것입니다. 두 번째는 알바노동에 대한 차별을 없애, 최소한의 인간다운 삶을 영위할 수 있는 알바 일자리를 만드는 것입니다. 세 번째는 알바노동의 해방적 요소들을 확대해서, 전통적 노동시장의 기준을 바꾸는 계기로 삼는 것입니다. 이것은 최저임금 인상만으로는 불가능하고, 사회 전체의 개혁이 동반되어야만 가능합니다. 물론, 밝은 미래를 논하기엔 지금의 현실이 만만치 않습니다. 우선은 징벌적 알바노동의 실태를 살펴보아야 합니다.

알바생이라는 편견

통상적으로 알바는 노동자로 인정받지 못합니다. 알바 뒤에는 '학생'이라는 말이 붙습니다. 고 권문석 알바연대 대변인은 이 말에 불만이 많았습니다. 권문석 대변인이 계속 "알바노동자"라고 해도 언론에서는 "알바생"이라고 씁니다. 우리는 여기서 '알바'를 바라보는 사회적 인식과 가치판단이 무엇인지 알 수 있습니다.

장애가 있는 사람을 가리킬 때 흔히 '장애우'라는 표현을 씁니다. 장애가 있는 사람에게 '친구'라는 표현을 써서 친근함을 나타내기 위해서일 겁니다. 그런데 여기서 우리가 놓치고 있는 것이 있습니다. 장애우라는 말은 장애가 없는 사람, 곧 비장애인 입장에서의 표현입니다. 장애우란 장애인 친구를 뜻합니다. 정작 장애가 있는 사람이 자기 자신을 표현할 수가 없습니다.

'민영화'라는 말도 정부가 아닌 민간인이 운영하는 것이니 뭔가 좋을 것 같습니다. 뭔가 비효율적이었던 것이 효율적이고 민주적으로 운영된다는 느낌을 줍니다. 하지만 '사유화'라고 부르면, 느낌은 확 바뀝니다. 철도를 공공이 운영하는 것이 아니라 삼성이나 현대 같은 대기업이 사적으로 운영한다는 느낌이 듭니다.

이렇듯 모든 사회적 용어에는 가치판단이 들어가 있습니다. 여기서 우리가 중요하게 생각해야 할 점은 이러한 용어가 주는 '효과'입니다.

알바생이라는 말에서 방점은 '생', 즉 '학생'에 찍혀 있습니다. 일을 하는 학생이라는 것입니다. 이렇게 되면 알바노동은 학생이 부업으로 하는 일쯤으로 전락합니다. 그리고 알바노동은 학교라는 안정적으로 돌아갈 곳이 있는 사람들의 일이 됩니다. 임시적이고 부차적으로 보이고, 생계를 위해 일하는 사람들보다 덜 절박해 보입니다. 실제로 알바노동자들이 어떤 생각으로 일하는지는 여기서 중요하지 않습니다. 게다가 우리는 알바노동자의 개인적 욕망과 동기를 알 수도 없고, 거기에 대해 옳고 그르다고 판단하는 것도 부당한 일입니다.

「근로기준법」은 노동자를 알바나 비정규직이나 정규직으로 구분해서 보호하지 않습니다. 1970년에 재단사였던 전태일 열사가 여공의 처지를 보면서 '근로기준법'을 준수하라고 했지 '여공근로기준법'을 준수하라고 하지는 않았습니다. 알바생이라고 하면 뭔가 정상적인 노동자가 아닌 것처럼 보입니다. 그래서 우리가 만나는 많은 사장님은 몇 시간 이상 일해야 근로계약서를 쓴다거나 1년은 일해야 최저임금을 주겠다는 식으로, 법을 어기는 이야기를 당당하게 합니다. 그 이야기를 듣는 알바도 자신이 노동자로서 보호를 받을 수 있을까를 의심하기도 하고, 어차피 잠깐 하는 일이라 생각하고 넘어가거나 제대로 대응하지 못하고 위축됩니다.

또 '학생'이라는 말은 사회적으로 '어린 존재'라는 효과를 만들어 냅니다. 우리 사회에서는 학생을 아직 세상에 대해 많이 배워야하고 여러 가지를 경험해야 하는 시기의 존재로 바라봅니다. 그래서 학생이 알바를 하는 것은 경험 삼아서 하는 것으로 치부해 버립니다. 저임금을 받는 대신 배울 수 있는 기회를 얻는다고 바라보는 것입니다. "아프니깐 청춘"이라든지 "젊어서 고생은 사서라도 한다"라는 말이 다 이런 시각에서 나오는 것입니다. 이처럼 '배움'으로 치부되는 노동은 알바뿐만 아니라 최근에는 인턴 제도로도 나타나고 있습니다. 현장 실습생과 근로 장학생에게 배움과 노동은 제도적으로 일치되어 있습니다.

경제적 계약관계를 넘어서는 권력과 강제도 만들어집니다. 알바노동자는 노동을 제공하는 대신 임금을 받는다는 계약관계를 고용주와 맺지만, '나이 권력'에 따른 인격적 모독과 하대가 일상적으로 벌어집니다. 노동과정에서 폭력과 욕설이 등장하는 것도 이러한 권력관계 때문입니다. 학교라는 돌아갈 곳이 있다는 편견도 저임금을 정당화시킵니다. 이것은 중년 여성 비정규직노동자나 노인들의 노동에서도 나타납니다. 이들이 하는 일은 가족을 부양하는 일이 아니니 저임금을 지급해도 된다고 생각하는 것입니다.

정부가 발표한 통계를 보겠습니다. 2013년 9월 10일 국회인권포럼에서 '학생들의 아르바이트 실태'를 주제로 세미나가 열렸습니다. 그때 배포한 자료에 나온 고용노동부 조사 결과에 따르면, 2012년에 법을 위반한 사업장이 91.8%입니다. 또한 고용노동부가 발간한 『2011 청소년 아르바이트 실태조사』에 따르면, 아르바이트를 하면서 불이익을 당한 청소년이 조사 대상 가운데 23.3%(828명 중 193명)이며, 그 종류는 폭행 3.2%, 성폭력 또는 성추행 6.0%, 부당해고 11.6%, 다치거나 혹은 질병 27.7%, 처음에 하기로 했던 일과 전혀 다른 일 시키기 11.2%, 폭언 등 인격모독 40.2%였습니다. 청소년의 경우 인격모독이 심각하다는 점에 주목해야 합니다. 나이가 어릴수록 인격적 대우를 받기 어렵고 권위적인 환경에서 일해야 합니다.

분명한 사실은 알바든 정규직이든 일을 하고 있다는 점입니다. 우리가 궁예처럼 관심법을 쓰지 않는 이상 그들이 일하게 된 동기는 모를 일입니다. 일을 하고 있다는 분명한 사실에 근거해서 근로기준법을 적용하고 노동자로서 지니는 권리를 보장해야 합니다. 그러나 '알바생'이라는 말이 이러한 인식을 방해합니다.

'노동자'라는 말에서 오는 거부감도 있습니다. 왠지 '노동자'라는 말에서 매우 폭력적인 이미지를 떠올리게 될지도 모릅니다. 우리는 경찰의 수배 전단지에서 '노동자풍'이라는 단어를 발견합니다. 그리고 공사판 현장에서 '노가다' 일을 하는 사람들을 노동자로 떠올립니다. 선생님, 대기업 사무직이나 금융업 종사자, 법인 소속 변호사, 대형 병원 의사 뒤에 '노동자'라는 말을 붙이는 것을 망설이거나 저어합니다. 그런 사람들은 분명 임금을 받고 일하고 임금 외에는 생계비를 마련할 방법이 아무것도 없는데도 말입니다.

이렇게 우리가 생각하는 방식과 행동에 영향을 주는 관념, 사상, 담론 따위를 '이데올로기'라고 부릅니다. 그리고 사장님처럼 비교적 힘이 강한 사람에게 유리한 효과를 가져오고 알바노동자처럼 힘이 약한 사람에게 불리한 효과를 가져오는 이데올로기를 '지배 이데올로기'라 부릅니다. 이데올로기는 세상을 바라보는 사람들의 관점과 생각입니다. 가령 '경제성장을 이루지 못하면 우리는 풍요롭지 못할 것이다,' '최저임금이 오르면 경제가 망할 것이다' 따위가 대표적인 지배 이데올로기입니다. 이에 저항하는 이데올로기도 물론 있습니다. '우리 사회를 지배하는 것은 막대한 자본을 가진 재벌들이다,' '세상을 바꾸는 힘은 노동자로부터 나온다' 따위입니다.

각각의 이데올로기에는 그 나름의 근거가 있습니다. 경제학자들이 생산해 내는 어려운 경제법칙이 근거가 될 수도 있고, 철학적 또는 사회과학적 논리가 근거일 수도 있을 겁니다. 그러나 이데올로기가 주목하는 것은 이러한 근거들의 사실 여부보다는 이데올로기가 제시하는 논리와 주장이 사람들에게 어떠한 영향을 주는가에 있습니다.

따라서 그 지배 이데올로기는 자신의 생각을 전파하는 수단을 가진 사람들이 장악합니다. 방송사를 가지고 있다면 효과적으로 자신의 생각들을 전파할 수 있습니다. 부자들의 입장에서 만든 드라마를 방영할 수도 있고 다큐멘터리를 제작하거나 예능 프로그램을 만들 수도 있습니다. 신문이 있다면 재벌들이 얼마나 많이 고용을 창출하고 있는가를 전파할 수도 있습니다. 또, 노동자나 장애인, 여성 등 사회적으로 소외된 사람들의 소식을 보도하지 않는 것 자체도 좋은 지배 수단입니다. 교육과정을 짤 수 있으면 더욱 효과적일 겁니다. 독재정권 시절에는 지배자들에게 유리한 내용만 교육했다면, 지금은 서로 경쟁하느라 사회문제를 생각할 수조차 없도록 만듭니다.

예를 들어 봅시다. GS가 만든 아파트에서 잠을 자고, 애플이 만든 핸드폰 알람 소리에 잠을 깨고, LG가 만든 TV를 켜서 두산과 롯데의 야구 경기를 봅니다. 현대기아차가 만든 자동차를 타고 홈플러스에 가서 장을 보거나 스타벅스를 찾아 커피를 즐길 수 있습니다. 또한, 미래를 대비하기 위해 삼성화재에 보험을 가입하고, 삼성병원에서 치료를 받고, 바로 삼성 광고가 나오는 드라마와 뉴스를 봅니다. 이런 과정을 통해 우리는 분명히 우리와 입장이 다른 재벌이나 지배자의 논리와 가치관을 받아들이게 됩니다.

아이폰을 보며 스티브 잡스는 떠올리면서도 그 제품을 만드는 중국 폭스콘 노동자의 죽음은 떠올리지 못하는 것, 삼성 임원이 월급으로 21억원을 받을 만하다고 생각하지만 최저임금을 1만원으로 올리면 국가경제가 흔들린다고 생각하는 것도 마찬가지일 것입니다.

우리가 '알바생'이 아니라 '알바노동자'라고 줄기차게 외치는 이유는 지배 이데올로기가 우리에게 미치는 나쁜 효과를 걷어 내기 위함입니다. 알바도 노동자이기 때문에 당연히 법이 보장하는 것들을 요구할 수 있습니다. 알바생이 노조를 상상하는 것은 뭔가 이상하지만, 아르바이트노동자들이 노조를 만드는 것은 자연스러운 일입니다. 알바생이 파업을 하는 것은 어색하지만, 아르바이트노동자들이 파업을 벌이고 사장님과 단체교섭을 벌이는 것은 자연스럽고 당연한 일입니다.

스스로를 알바노동자라고 부를 때, 자신이 살아가면서 경험했던 부당한 일들과 어려움이 사회 전체의 문제라는 것을 알 수 있게 됩니다. 알바노동자로 서로 만날 때 우리는 싸움을 시작할 수 있습니다. 그리고 알바노동자라고 부를 때, 이름도 연령도 성별도 취미도 개성도 다른 사람들이 하나로 묶일 수 있는 계기가 만들어집니다. 아르바이트노동자라면 10대 청소년인 노동자부터 70대 경비 노동자까지 함께 힘을 합칠 수 있습니다. 이처럼 공통점을 중심으로 하나가 되는 과정을 우리는 '연대'나 '단결'이라고 부를 수 있을 것입니다. 이는 지금까지 천시 당했던 사람들이 스스로 권리를 외칠 수 있는 생각과 힘을 가진 소중한 존재로 서로를 인식하고 응원하는 과정입니다.

알바들의 부당한 현실에 대해 분노하고 안타까워하는 사람은 많습니다. 알바노동자들 스스로도 다른 알바를 불쌍히 바라봅니다. 흔히 고양이 목에 누가 방울을 달 것인가를 묻습니다. 이 질문 자체에 함정이 있습니다. 그 힘들고 두려운 일을 혼자 해야 할 것 같기 때문입니다. 우리는 질문을 바꿀 필요가 있습니다. 고양이 목에 '어떤 세력'이 방울을 달 것인가? 방울을 혼자 달 필요는 없습니다. 지금의 뒤

틀린 사회구조를 바꿀 세력은 '아르바이트노동자' 자신입니다.

우리는 지금까지 '알바생'과 '아르바이트노동자'라는 말이 지니는 이데올로기적 효과에 대해 이야기했습니다. 그러나 알바생을 아르바이트노동자라고 바꿔 부른다고 세상이 바뀐다면 얼마나 좋겠습니까? 이데올로기는 저절로 만들어지는 것이 아닙니다. 위에서 이야기한 것처럼 방송과 교육과 신문과 지식을 장악한 권력이 있습니다. 우리는 이것을 '사회구조' 또는 '사회시스템'이라고 부릅니다. 그리고 이러한 시스템이 돌아가게 하는 힘을 '권력'이라고 하고 그러한 권력을 가진 사람을 '권력자'라고 합니다.

우리가 주목하는 것은 권력자 한 사람이 아닙니다. 우리가 살펴야 할 것은 시급을 법정 최저임금보다 적게 주는 편의점 점주가 아니라 그러한 사장을 만들어 낸 우리 사회의 시스템입니다. 편의점 점주를 바꾼다고 해서 그러한 시스템을 바꿀 수는 없습니다. 우리에게 사장님이 착한지 악덕한지 성실한지 아닌지가 중요한 문제는 아닙니다. 사장님의 성격을 우리가 바꿀 수 있는 것도 아닙니다. 우리가 바꿀 수 있는 것은 사장님이 최저임금을 반드시 준수할 수 있게 하는 시스템입니다.

이제 우리의 생각을 지배하고 현재의 시스템을 공고하게 유지하는 다양한 이데올로기들에 대해 살펴볼 필요가 있습니다.

우리는 왜 이건희가 아니라 바로 위의 상사에 분노할까?

한국에서 자산이 제일 많은 사람은 아마도 삼성의 이건희 씨일 것 같습니다. 12조원 정도 가지고 있으니 어마어마합니다. 12조원은 대학 등록금을 폐지할 수 있는 돈입니다. 삼성은 약 300조원 정도의 회사입니다. 이건희 씨에 이어 이재용 씨가 회사를 물려받게 됐습니다. 그런데 물려받는 과정이 문제입니다.

워낙 회사의 가치가 높으니 물려받으려면 세금을 어마어마하게 내야 합니다. 그래서 변칙을 씁니다. 주식을 상장하기 전에, 그러니깐 주식을 시장에 내놓기 전에 자녀에게 싼값으로 팝니다. 물론, 아무리 싸다 해도 일반인이 상상할 수 없을 만큼의 금액입니다. 일단 한 40억 정도를 아버지가 아들에게 줍니다. 40억에 대한 세금은 냅니다. 아들은 그 돈으로 주식을 삽니다. 회사 입장에서는 수백억 가치를 가진 주식을 40억에 팔았으니 큰 손해를 봅니다. 이런 걸 '배임'이라고 하지만 별로 문제가 되지 않습니다. 이제 주식은 이재용 씨 것입니다. 이 주식은 시장에 내놓자마자 어마어마한 가격으로 올라갑니다. 그리고 이재용 씨가 소유한 회사가 삼성그룹 다른 계열사의 주식을 구입합니다. 주식을 판매한 회사는 또 다른 계열사의 주식을 삽니다. 가령 삼성에버랜드가 삼성생명 주식을 사고, 삼성생명이 삼성전자 주식을 사고, 삼성전자가 삼성카드 주식을 사고, 삼성카드가 삼성전자 주식을 삽니다. 이런 방법으로 삼성에버랜드의 최대 주주가 삼성그룹을 모두 장악합니다. '단돈' 40억으로 300조짜리 그룹의 경영권을 얻는 방법입니다.

이런 현실에 대해 분노하는 사람은 그리 많지 않습니다. 우선, 막상 사태를 제대로 파악하기가 너무 어렵습니다. 그리고 이런 일들이 세상에 너무 많기도 합니다. 어린이 주식 부자, 10대 주식 재벌이 있습니다. 손자와 손녀에게 미리미리 주식을 주는 겁니다. 오죽했으면 좋은 부모 만나는 게 스펙이라고 하고, 이제 배우자의 직업이 아니라 배우자 부모의 직업을 본다고 합니다.

삼성의 경우, 불법을 저질러도 법으로 심판을 받지 않으니 많은 사람이 분노하거나 문제를 제기하는 것을 저어합니다. 법이나 정의가 통용되지 않는 사회인 것 같고, 돈의 힘에 저항하려다가는 세상 물정 모르고 설친다는 말마저 듣습니다. 나쁜 부모 만난 게 죄라는 자괴 감이 들기도 합니다. 그런데 비슷한 처지에 있는 사람들끼리는 조금 만 불공정해도 분노가 쌓이고 경쟁하게 됩니다.

노동자들끼리도 그렇습니다. 정규직과 비정규직 사이에 차별이 생기게 되면서 둘 사이에 간극이 생깁니다. 회사와 기업이 이윤으로 아무리 많은 돈을 가져가고 임금을 적게 주어도, 당장 내 눈앞에 보이는 임금 차별을 더 심각하게 느낍니다. 이렇게 노동자들 사이나 피지배자들 사이의 연대를 가로막고 서로가 경쟁하게 하는 것을 '분할 지배 전략'이라고 합니다.

공장 안에서 노동자들끼리, 그리고 학교 안에서 학생들끼리 서로 경쟁하고 싸우게 됩니다. 맥도날드 회장보다는 날 부리는 매니저가, 국방부장관보다는 날 괴롭히는 병장이 더 밉고 나를 지치게 합니다. 매니저나 병장도 마찬가지입니다. 자신의 사용자보다는 당장 일을 잘 못하는 후임이 밉습니다. 크게 보면 같은 처지에 있는 사람들끼리 아 옹다옹하며 살아갑니다. 그래서 더 큰 적에 대한 분노를 사회적으로 표현하기보다는 경쟁 속에서 다툼에 몰두하게 되고, 그것이 우리를 더 지치게 만듭니다. '갑에 맞선 을들의 연대'라는 것이 말처럼 쉽지 않습니다.

'배제적 통합'이라고 부를 수 있는 지배 전략도 있습니다. 가령 국민과 비국민의 구분과 비국민의 배제를 통해서 자국민을 통합시킵니다. 고용과 실업을 이주노동자들 탓으로 돌려 이주노동자를 비난하게 하는 식입니다. 그러고는 모두에게 임금을 적게 줍니다. 노동시장에서 비정규직에 대한 배제를 통해 정규직을 회사의 파트너로 통합할 수도 있습니다. 비정규직의 권익 향상이 정규직의 권익 하락으로 비춰질 수 있게 만드는 것입니다. 수도권 대학과 비수도권 대학, SKY와 비SKY로 나눌 수도 있습니다. 지역감정을 자극하는 것도 좋은 방법입니다. 성 소수자, 군 미필자, 장애인 등을 배제하는 것도 좋은 전략입니다.

그래서 우리의 연대와 저항은 '탈배제'적이어야 합니다. 탈배제는 나와 너의 같음을, 곧 공통성을 찾아내는 과정입니다. 사람이라는 공통성으로 인권을, 주권자라는 공통성으로 평등한 투표권을 설명할 수 있을 겁니다. 이렇게 자신과 다른 사람들 사이의 공통성을 발견하고 스스로의 사회적 존재를 인식하는 것은 우리에게 매우 중요한 일입니다. 다른 이들과의 만남에서 노동자라는 공통성을 발견했다면 '계급의식'을 가지게 되었다고 볼 수 있습니다. 우리를 지배하고자 하는 이들은 이러한 공통성을 찾지 못하도록 하는 것에 관심이 많습니다. 우리가 '차별'에 반대해야 하는 이유도 여기에 있습니다.

물론 이러한 공통성을 확보하는 과정에서 각각의 다름과 개성을 놓치면 안 됩니다. 장애인과 비장애인이 사람이자 주권자로서의 공통성을 확보하기 위해서는, 장애인이 사람답게 살아갈 수 있는 이동권과 교육권을 특별히 보장해 주어야 합니다. 투표할 때는 시각장애인을 위한 점자 책자가 필요할 것이고, 투표소에는 휠체어가 다닐 수 있는 경사로나 엘리베이터가 있어야 할 것입니다.

이와 더불어, 사회적으로 우리 모두의 것인 것들에 대해 생각해 볼 필요가 있습니다. 가령 자연은 우리 모두의 것입니다. 교육, 의료, 철도 등은 모두에게 필요한 것입니다. 이러한 공통성을 빼앗기거나 파괴되지 않도록 하는 것이 중요합니다. 이러한 공통성 속에서 우리 삶을 억압하는 사람들이 누구인지 제대로 골라낼 수 있습니다.

청소 노동자는 한 시간 7,530원, 이건희는 하루 3억원이 당연하다?

흔히들 청소 노동자가 하는 일은 하찮은 일이라고 생각합니다. 2018년을 기준으로, 청소 노동자가 8시간 일하고 받는 임금은 60,000원입니다. 이건희 회장의 경우, 보유한 주식에서 나오는 배당금으로만 매일 약 3억원을 법니다. 오죽 했으면 이 사실을 다룬 기사 제목이 「회장님 웃게 할 '배당 산타' 어느 정도」(『한국경제』 2013년 12월 24일)이겠습니까?

그렇다면 둘이 하는 일에 그만한 차이가 있을까요? 물론 삼성 회장과 청소 노동자가 하는 일의 형태에는 차이가 있습니다만, 둘 다 우리 사회에 필요한 존재입니다. 하지만 이들을 대하는 사회의 태도는 너무나 다릅니다. 기업 총수가 사법적으로 문제가 생기면 항상 하는 말이 있습니다. 총수가 구속되면 경영 공백이 생기고 국가경제가 흔들거린다는 이야기입니다. 금방이라도 큰일 날 것 같습니다. 만약 기업 총수가 그렇게 중요한 자리라면 총수 개인의 사정에 따라 변수가 생기지 않도록 하는 것이 좋을 것입니다. 경영 실패나 잘못된 선택을 바로 견제할 수도 있어야 합니다. 현실은 그렇지 않습니다. 이건희 회장이 자동차 사업에 손댔다가 망해도, 한화 김승연 회장이 폭행죄를 저질러도, 한진그룹 오너 일가가 전횡을 일삼아도 회장님은 회장님입니다. 그렇게 중요한 총수 자리는 혈연관계로 세습됩니다.

기업 총수가 그토록 많은 돈을 버는 이유를 혁신적 경영으로 기업이 많은 이윤을 획득하기 때문이라고 합니다. 그런데 기업 이윤이 한 사람만의 힘으로 생길 수는 없습니다. 안철수가 바이러스 백신 프로그램으로 돈을 많이 벌 수 있었던 것은 많은 국민이 인터넷을 사용하고 우리 사회가 인터넷 시스템을 갖추었기 때문입니다. 인터넷이 오늘날과 같이 보급되지 않았다면 백신 소프트웨어는 필요가 없었겠죠. 이렇게 어떤 개인이 돈을 많이 벌려면 사회적인 조건도 매우 중요합니다. 사회의 부는 사회구성원들이 함께 만드는 셈입니다. 수많은 노동자들의 노동이 없으면 기업도 이윤을 얻을 수 없겠지요.

하지만 우리는 사회에 꼭 필요한 일을 하는 사람, 가령 버스 기사, 화물차 운전사, 소방관, 환경미화원, 건설 노동자 등의 직업에 대해 많은 편견을 가지고 있습니다. 그런데 이들이 없으면 우리 사회는 멈춥니다. 거리에 쓰레기가 넘쳐 난다면 어떻게 될까요? 아무도 화물을 운송하지 않으면 경제가 돌아가지 않을 것입니다. 노동자들의 운동이 발전된 나라, 노동자들의 인권이 보장되는 나라에서는, 청소 노동자와 의사, 변호사 등 전문직 종사자의 임금 차이가 크지 않습니다. 심지어 비정규직의 경우에는 일시적이고 불안정하기 때문에 더 높은 임금을 지급한다고 합니다. 이렇게 어떤 사람이 하는 일의 가치는 고정된 것이 아니라 사회의 수준에 따라 결정됩니다.

CEO, 국회의원, 장관 같은 일은 특별한 사람, 가령 똑똑한 사람이 해야 하고, 청소 노동이나 알바는 아무나 할 수 있는 일이라고들 생각합니다. 그런데 지금까지 역사에서 인류에 큰 불행을 준 사람은 그 사회가 체계적으로 길러 낸 수재인 경우가 많습니다. 이명박 정권의 경제통이었던 강만수 전 장관은 최고의 수재로 불렸습니다. 당시 환율을 잘못 건드려서 문제를 일으켰던 이분은 서울대를 수석으로 졸업하고 행정고시를 수석으로 패스한 수재였습니다. 4·19혁명의 원인이 됐던 이승만 대통령은 프린스턴대학 출신입니다. 대부분의 관료들은 박사님들이죠. 그런데 그들이 항상 좋은 결과만을 가져온 것은 아닙니다. 좋은 환경에서 양질의 교육을 충분히 받을 수 있는 기회는 소수에게 집중됩니다. 주로 외교관 자녀가 외교관이 되는 것도 어려서부터 다양한 해외 경험을 할 수 있는 기회가 많기 때문입니다. 그리고 한국의 경우에는 갈수록 소득수준에 따른 교육수준의 차이가 심각해지고 있습니다.

지금은 재임 시절 문제로 시끄럽긴 하지만 상당한 지지를 얻었던 브라질 대통령 룰라는 국민들에게 이런 이야기를 했다고 합니다. "행복해지는 것을 두려워하지 마라." 마찬가지로 다른 이야기를 해 볼 수 있을 것 같습니다. "사회를 운영하는 것을 두려워 하지 마라." 만약 평범한 사람이 국회의원이나 시의원, 구의원이 되는 것을 꿈꾸는 것이 불가능해 보인다면, 그 사회의 민주주의에는 심각한 문제가 있는 겁니다. 어찌 보면 현재의 대의제 민주주의 제도는 통치의 수단으로 전락할 위험이 있습니다. 우리를 통치할 사람이 투표라는 절차를 통해 권력을 승인받는다는 겁니다. 그렇게 뽑은 대표자를 통제할 수단도 현실적으로 거의 없습니다.

이렇게 직업을 차별하고 평범한 사람들이 사회를 운영할 수 없다고 생각하게 되면 기존 사회의 질서를 유지하기가 편합니다. 우리가 알바의 권리를 이야기하면 '알바나 하는 것들이 노력할 생각은 안 하고'라는 식의 이야기를 많이 듣게 되는 것도 이 때문입니다. 열심히 노력 하지 않았기 때문에 권리도 보장받지 못한다는 생각입니다. 그렇다면 자신의 권리를 이야기할 수 있는 것은 사회적으로 성공한 사람에 한정될 수밖에 없습니다. 어느 정도 성공해야 권리가 생긴다는 것일까요?

이것은 민주주의가 아닙니다. 어떤 사람이 어떤 인생 스토리를 가졌는지, 얼마나 힘들게 살았는지를 다른 사람은 알지 못합니다. 그 사람이 지금 하는 일을 근거로 그 사람이 살아온 인생을 추측할 뿐입니다. 게다가 그 추측은 심한 편견에 따른 추측인 경우가 많습니다. 이러다 보니 아르바이트노동자와 사회적으로 배제된 이들은 자신의 권리를 이야기할 때 자신의 처지에 더 신경을 쓸 수밖에 없습니다. '내 주제에 이런 이야기를 해도 될까?' 이런 스스로의 검열이 사회적 목소리를 내는 데 큰 걸림돌이 됩니다.

노동조합은 빨갱이가 하는 것?

그래도 노동조합을 만들고 자신의 권리를 이야기하는 사람들이 있습니다. 돈도 언론도 권력도 없는 어려운 조건 속에서도 저항하는 사람들이니, 이상한 사람들처럼 보일 만도 합니다. 노동자들은 노동조합에 돈도 냅니다. 당장 이득이 없으면 움직이지 않는 권력자들의 입장에서는 이러한 행동을 이해하기 힘들 수도 있습니다.

2008년 촛불시위가 한창일 때 이명박 대통령이 시민들 주장에 귀를 기울이기는커녕 '초는 무슨 돈으로 샀냐?' 라고 한 적이 있습니다. 슬프지만, 이것이 한국의 사회적 수준이라고 할 수 있습니다. 자신이 공감하는 주장을 실현하기 위해 돈을 내고 지지를 보내는 것은 자연스러운 정치적 행위입니다. 그런데 그러한 정치과정을 통해 탄생한 대통령이 정치를 이해 못하는 겁니다. 이는 기존 정치인들이 시민들의 자발적 참여와 아래로부터의 지지 속에서 탄생하지 않았다는 것을 뜻하기도 합니다.

다시 노동조합 이야기로 돌아가자면, 노동조합에는 단결권, 단체행동권, 단체교섭권이 있습니다. 이것은 노동자들에게 큰 힘이 됩니다. 조직을 결성하여 파업을 할 수 있고 그것을 통해 자신의 임금을 결정할 수 있습니다. 노동조합에서 활동했다는 이유로 해고하면 사업주는 처벌을 받습니다. 여러분이 노동자라면, 노동조합에 가입해서 활동하는 것이 유리합니다.

그런데 사람들은 대부분 노동조합 활동을 말립니다. 크게 두 가지 이유입니다.

먼저, 싸워 봤자 손해라고 봅니다. 법에는 노동조합 활동을 했다는 이유로 해고하지는 못하게 되어 있지만, 사장이 마음만 먹으면 다른 이유를 들어서 언제든지 해고할 수 있습니다. 실제로 알바노조에 가입해서 휴게시간과 주휴수당을 요구했던 한 알바노동자가 해고됩니다. 내건 이유는 계약 만료입니다. 그런데 지금까지 자동적으로 계약을 연장하다가 계약 종료를 알린 것은 노동조합 활동 외에는 딱히 이유가 없습니다. 이런 종류의 압박은 법적으로 문제 삼기가 쉽지 않습니다. 물론 알바노동자의 항의를 처음 받아 본 이 회사는 노조 활동 때문이라고 솔직하게 이야기해서 대응하기가 쉬웠습니다. 노조 활동 때문에 해고하면 불법입니다.

단체행동권이나 단체교섭권에도 문제는 있습니다. 파업을 마음대로 할 수는 없고, 그전에 노사가 성실하게 협상에 임해야 합니다. 그런데 회사가 성실하게 협상에 임하는지를 판단하기가 어렵습니다. 협상장에 앉아만 있어도 됩니다. 이에 대해 사법적 판단을 얻으려면 재판을 해야 하는데, 재판 기간은 보통 짧으면 1년이고 길면 3~4년 정도입니다. 이런 절차를 거쳐 합법적인 파업을 한다고 하더라도, 회사가 직장폐쇄를 하거나 대체인력을 투입하면 노동자들이 견디기 힘듭니다. 사업주의 그런 행동은 불법이지만, 역시 사법적인 판단을 얻으려면 오랜 시간이 걸립니다. 그 사이 노동자들은 생계에 큰 타격을 받을 수밖에 없기 때문에 노동조합 활동을 하는 것이 결코 쉽지 않은 겁니다. 대한민국 국민들은 아버지나 삼촌, 이모, 이웃 등의 사례를 통해 노동조합을 하면서 겪는 어려움들을 배우면서 자랍니다.

둘째, 노동조합 활동의 어려움을 알 수 있는 역사적인 경험들도 있습니다. 해방 당시 조선의 노동조합은 매우 강력했습니다. 조선노동조합전국평의회('전평')는 금속·철도·교통·토건·어업·전기·통신·섬유·광업 등 16개 산업노동조합으로 결성되었고, 지부 수가 총

1,194개, 조합원 수가 총 50만 명에 이르렀습니다. 전평이 총파업을 하면 지금의 민주노총의 파업과는 달리 실제로 한반도를 멈추게 할 수 있었습니다. 그런데 전평은 미군정의 탄압에 의해 와해됩니다. 일제 강점기 때부터 순사질을 하던 친일 형사들이 대한민국 형사로 둔갑해서 노동자들을 잡아갔습니다. 일제 강점기의 역사가 제대로 청산되지 않았던 겁니다. 그래서 일제 강점기 때는 독립운동을 했다는 이유로, 해방 이후에는 '빨갱이'라는 이유로 수많은 사람이 학살당하거나 잡혀갑니다. 부정의가 승리하는 것을 온 국민이 경험한 겁니다. 1950년에 시작된 한국전쟁은 남한 내의 좌익 인사들의 씨를 말려 버립니다. 그러다 보니 노동조합은 역사적으로 불온한 존재, 목숨을 걸고 해야 하는 일이 됩니다. 1946년 전평에 맞서기 위해 우익 인사들에 의해 설립된 대한독립촉성노동총연맹은 이후 국가의 지원 아래 운영되다가, 전평이 사라진 뒤 노동조합의 빈자리를 차지합니다. 그리고 오늘날의 한국노총이 이러한 관변 노동단체의 역사를 계승하게됩니다. 1987년을 거쳐 '민주화'를 이뤘다지만 노동조합에 대한 탄압이 계속되다 보니 오늘날도 노동조합에 대한 편견과 두려움이 있습니다.

사람들은 노동조합이 파업을 하면 이기적이라고 비판합니다. 노동자들이 파업을 하는 것을 보면 자신도 노동조합을 만들고 파업을 해서 임금을 올려야겠다고 생각해야 할 것 같지만, 한국에서는 앞서 말한 두 가지 이유 때문에 그렇게 생각하기가 쉽지 않습니다.

합법적인 파업을 할 수 있는 노동조합 자체가 소수이다 보니 그런 노동조합에 속하는 것이 특권처럼 보이게 됩니다. 회사도 이렇게 소수의 노동조합만을 인정하고 이들 노동자들에게만 특별히 상여금과 사내 복지를 몰아 줌으로써, 노동조합 내 노동자들이 자기 이익만을 위해 싸우게 하고 다른 노동자들과 갈등을 빚게 만들기도 합니다. 이는 그저 노동자들 책임이 아닙니다. 노동조합을 터부로 보고 파업을 이기주의로 모는 우리 사회 전체의 문제입니다.

우리가 잊지 말아야 할 것이 하나 있습니다. 흔히들 임금 인상을 요구하는 파업을 이기적이라고 비판합니다. 그러나 임금 인상 이외의 요구를 건 파업은 모두 불법파업이어서 탄압 대상이 됩니다. 가령 국민의 이익을 위해서 철도 민영화를 반대한다거나 복지예산 삭감에 대해 반대하는 파업을 벌인다면 불법입니다. 우리가 잘 모르는 노동법의 복잡함은 오히려 우리를 단순하게 생각하도록 만듭니다. 국민들에게 정치적 메시지를 단순하고 선정적으로 전달하는 사람이 여론의 지지를 더 많이 받게 되는 겁니다.

일은 군필자가 잘한다?

일은 군필자가 잘한다는 믿음이 세상에 있습니다. 거꾸로 이야기하면, 회사라는 조직이 군대와 흡사하다는 이야기이기도 합니다. 2년 가까이 명령과 복종에 길들여져 훈련받은 사람이 회사 생활을 잘할 수 있다는 겁니다. 사실은 회사 말을 잘 듣는 노동자가 필요하다는 겁니다.

말 잘 듣는 '능력'은 학교에서도 필요합니다. 유니폼 입고, 공부하고, 휴식시간이 있고, 테스트를 받는 집단적 체제는 거대한 공장이나 군대를 연상케 합니다. 사실 현재의 교육 시스템 역시 좋은 가격에 팔릴 노동자를 만들어 내는 것에 초점이 맞추어져 있습니다. 그래서 좋은 대학에 가고 좋은 성적을 얻는 것이 중요합니다.

실제로 최초의 초등학교는 공장 옆에서 생겨났습니다. 어린 나이에 일을 시키니 노동자들이 너무 빨리 죽습니다. 예를 들면, 독일의 엥겔스라는 사람이 1845년에 영국 노동자계급의 처지에 대해 쓴 글에는 다음과 같은 끔찍한 일이 기록되어 있습니다. "이 때문에 젖먹이를 가진 어머니조차도 일터에 나가지 않으면 안 되었고, 집에 남은 어린아이는 배가 고파서 아무리 울어도 젖 주는 사람이 없기 때문에 온종일 울 수밖에 없었다. 그리하여 어머니들 사이에서는 우선 어린아이가 우는 것을 막기 위하여 아편을 넣은 약(팅크)을 먹이는 것이 유행했을 정도다. 이것을 먹이면 위가 마비되므로 어린아이가 배고픈 것을 느끼지 못해 울지 않기 때문이다. 그러나 약을 먹이면 체질이 약화되어 어린아이의 사망률이 매우 높아질 수밖에 없었다."

이러한 일을 막기 위해 공장 옆에 학교를 짓고, 노동자 자녀가 일하러 가는 대신에 학교를 다닐 수 있게 합니다. 그리고 일에 필요한 지식을 부여합니다. 해 뜨면 일하고 해 지면 자는 농경 사회의 시간 개념에 익숙한 사람들에게 시간 단위로 활동하는 자본주의적 시간을 교육하는 것은 매우 중요한 문제였습니다. 월요일부터 토요일까지 일하고 일요일에는 쉬는 것도 훈련이 필요합니다. 자본주의 초기에는 일하지 않는 사람에게 귀를 자르는 형벌까지 내렸습니다. 하나의 집단적 병영처럼 공장과 학교가 돌아갑니다. 이는 군사 문화를 강화하고 신체 건강한 남성 육체노동자 이외의 여성, 장애인, 성 소수자 등을 배제하는 기제로 작용합니다.

여성에게는 다른 덕목을 강조합니다. 직장에서 피곤하게 일하고 온 남성 노동자들의 노동력을 재생산하는 데 봉사하는 것입니다. 아니면 남성들이 힘을 내서 일할 수 있도록 커피를 타거나 회식 자리에 꽃이 되어 앉아 있게 됩니다. 서비스 노동자일 경우에는 일 자체에서 성 역할이 강제됩니다. 예쁜 외모를 가진 이들이 카운터에서 주문을 받거나 서빙을 합니다. 콜센터 직원이라면 예쁘고 상냥한 목소리가 필요합니다. 친절과 미소, 배려와 돌봄 등의 감정노동이 주로 여성에게 부과됩니다. 중요한 것은 이러한 일들이 하찮은 일로 취급받는 겁니다. 집에서 여성들이 무급으로 당연히 해야 할 일들을 밖에서 하는 것뿐이라 생각합니다. 그래서 월급도 적습니다. 남성의 소득은 가족을 먹여 살리기 위한 돈이라고 생각하는 반면, 여성의 소득은 부수적인 용돈쯤으로 생각합니다. 남성 노동자들과 미래의 노동자인 자식들에게 밥해 주고 설거지하고 과일 깎아 주고 상냥함과 살림살이에 대한 지혜를 갖춘 현모양처가 사회적으로 찬양을 받지만, 그런 여성이 집안을 나와 노동자가 되면 저임금을 받는 노동자가 됩니다. 여성의 노동을 집에서나 하는 혹은 당연히 해야 할 가치 없는 일로 만드는 겁니다. 여성 아르바이트노동자들에게 자주 발생하는 성희롱과 성폭력 역시 성차별과 권력의 문제로 바라볼 수 있습니다.

이데올로기가 주는 가상

지금까지 주로 지배 이데올로기에 대해 이야기해 왔습니다. 이러한 지배 이데올로기를 비판하고 대안을 제시하는 것이 대안 이데올로기의 역할일 것입니다. 그래서 이데올로기나 가치관을 지니는 것은 우리에게 매우 중요하고 유리한 일입니다. 흔히들 '객관', '중립', '상식'이라고 이야기하는 것들이 사실은 기존 사회가 만들어 낸 지배적 관념일 가능성이 매우 높기 때문입니다. 이미 우리들의 생각은 한쪽으로 치우쳐 있는 겁니다. 그래서 진정한 중용은 다른 쪽의 생각들과 가치관들을 익히고 경험하는 것입니다.

잊지 말아야 하는 사실이 있습니다. 이러한 지배 이데올로기를 비판한다고 해서 세상이 바뀌지는 않습니다. 플라톤의 오래된 이야기인 동굴의 비유를 보겠습니다. 사람들은 쇠사슬에 묶여, 횃불에 의해 만들어진 그림자가 진짜 세상인 줄 알고 살아갑니다. 그런데 동굴 밖에 갔다 온 사람이 저건 그림자고 너희들은 거짓을 보고 있다고 이야기합니다. 그런데 사람들은 그림자를 보고 있는 자신을 의심하는 것이 아니라 동굴 밖을 갔다 온 사람을 이상한 사람 취급하게 됩니다. 헛소리를 한다고 생각하는 겁니다. 이처럼 급진적인 이야기를 하는 사람들은 대개 정치적으로 고립됩니다. '최저임금 1만원' 주장이나 알바들도 노동조합을 만들자는 주장은 다 이상한 소리로 들릴 가능성이 높습니다.

여기서 세 가지 딜레마가 생깁니다. 첫째, 위에서 이야기한 정치적 고립입니다. 두 번째로, '당신은 허위의식을 가졌어'라고 비판하는 순간, 계몽적인 접근이 시작됩니다. 나는 아는 사람이고 너는 모르는 사람이 되는 겁니다. 그런데 여러분이 본 것이 그림자인지 실제 태양 아래의 세계인지는 어떻게 아느냐는 철학적인 문제가 생깁니다.

세 번째로, 동굴 밖에는 해방된 세상이 존재해야 합니다. 이것은 메시아적이고 종교적입니다.

그래서 우리는 조금 다르게 접근할 필요가 있습니다. 사람들이 허위의식을 가진다는 사실이 문제가 아니라 사람들이 허위의식을 가질 수밖에 없게 만든 조건이 더 중요할 수 있습니다. 그 사람이 바보라서 허위의식을 가지는 것이 결코 아닙니다. 사람들을 동굴 밖으로 끌고 나오는 것이 아니라 동굴 자체를 부숴 버리는 것이 중요합니다.

'최저임금 1만원' 운동은 아르바이트노동자들에 대한 인식을 바꾸자는 운동이 아닙니다. 아르바이트노동자들이 실제로 하는 일의 가치를 높게 생각할 수밖에 없도록 만들자는 운동입니다. 한때 '에스컬레이터에서 두 줄 서기' 캠페인이 한창이었습니다. 에스컬레이터에서 두 줄로 서는 것이 좋다는 것을 끊임없이 알립니다. 생각을 바꾸면 사람들이 두 줄로 설 것이라는 발상입니다. 그러나 왜 사람들이 한 줄로 서서 에스컬레이터를 타고 그 옆으로 뛰어가는지에 대해서는 별로 생각하지 않습니다. 사람들이 여유롭게 걸을 수 있는 사회를 만들지 않는다면 에스컬레이터 두 줄 서기는 불가능합니다.

월급 계산하는 방법. 209를 기억하세요!

월급을 계산할 때, 1주일 가운데 5일 동안 매일 8시간 일했으니 1주일에 40시간 일한 것이고 한 달이 4주니까 160시간에다 시급을 곱하면 된다고 생각하는 분들이 많습니다. 그런데 월급을 계산할 때는 시급에 160이 아니라 209을 곱합니다.

먼저 주휴수당이라는 것이 있습니다. 근로기준법 제55조(휴일) 조항은 이렇습니다. "사용자는 근로자에게 1주일에 평균 1회 이상의 유급휴일을 주어야 한다." 주 5일을 일하면 나머지 이틀 가운데 적어도 하루는 일하지 않아도 일한 것으로 쳐서 급여를 주어야 한다는 것입니다.

물론 단서가 있습니다. 1주일에 15시간 이상 일해야 한다는 것입니다. 어쨌든 주 40시간 일한 노동자의 월급을 계산할 때는 1주일에 48시간 일했다고 칩니다.

그런데 모든 달이 30일인 것은 아닙니다. 31일인 달도 있고, 2월은 28일이며, 심지어 29일인 해도 있습니다. 하지만 매달 일수를 따져서 임금을 주는 것이 복잡하므로, 1년을 기준으로 계산해 12로 나눈 금액을 월급으로 주기로 정했습니다.

1주일에 40시간 노동한 사람의 임금을 계산할 때의 하루 평균노동시간은 주휴수당을 포함하면, (40시간+8시간)/7이 됩니다. 여기에 365를 곱하고 이를 12로 나누면 월급을 계산할 때의 노동시간이 나옵니다. (40시간 + 8시간) ÷ 7일 × 365일 ÷ 12개월 ≒ 208.57시간입니다.

209라는 숫자는 이렇게 나온 것입니다. 살아가면서 꽤 여러 번, 어쩌면 달마다 마주칠 숫자이니 잘 기억하시기 바랍니다.

제2장

프레카리아트의 탄생

세상에 질문하기

일자리를 구하고 있는 많은 사람은 대기업에 입사하거나 공무원이 되는 것을 꿈꿉니다. 이에 대해, 이 책이 처음 나올 당시에는 대통령이었으나 지금은 비리로 인해 구속된 박근혜가 나서서 청년들에게 '눈높이를 낮추라'라고 이야기한 일이 있었습니다. 청년실업의 원인을 우리들 개개인의 마음가짐과 태도에 있다고 보는 것입니다. 임금이 높고 편한 곳만 찾는다고 청년을 비난합니다. 재밌는 것은 이런 비난을 듣는 청년들은 대기업 노동자들의 파업을 '귀족 노조의 집단이기주의'라고 인식합니다. 청년들을 비난했던 보수적인 사람들과 같은 시각으로 노동자들을 비판하는 겁니다.

많은 사람은 일자리 문제의 책임과 원인이 개인에게 있거나 우리와 비슷한 처지에 있는 사람들에게 있다고 생각합니다. 그렇다면 실업 문제의 해결 역시 나를 바꾸거나 우리와 비슷한 처지에 있는 사람들과 경쟁하는 방식을 바꾸는 것이어야 합니다. 마치 봉준호 감독의 영화《설국열차》에서 꼬리 칸 사람들이 살기 위해 서로 싸우는 모양과 같습니다.

여기서는 이와는 다르게 세상을 바라보자고 제안합니다. 세상을 다르게 바라본다는 것은 생각의 틀을 바꾸는 것으로부터 시작합니다. 이것은 질문을 바꾸는 것에서 시작할 수 있습니다. "왜 대기업 입사만을 꿈꾸는가?"라고 묻는다면, 책임은 취직을 위해 전전긍긍하는 우리들에게 돌려집니다. 대답도 이 질문의 틀 안에 한정됩니다. 대기업이 나에게 좋은 이유들을 떠올릴 수밖에 없습니다. 임금이 높고 혜택이 많고 안정적이라는 대답이 나옵니다. 그런데 이렇게 대답하면 왠지 자신이 이기적이고 꿈도 패기도 도전 정신도 없는 것처럼 여겨집니다.

앞의 질문을 조금 바꿔 볼 필요가 있습니다. 평범한 사람들이 자신의 입장을 이야기할 수 있는 질문을 던지는 것입니다. "왜 청년들은 대기업이나 공무원을 꿈꿀 수밖에 없는가?" 이 질문은 청년들이 대기업이나 공무원을 꿈꾸는 것이 자기 선택이 아님을 전제합니다. 오히려 그렇게 꿈꾸는 것이 '강제'라고 보는 질문입니다. 그렇다면 책임은 세상에 있는 것이 되고, 우리에게는 그동안 참아 왔던 사회에 대한 불만들을 자신의 입장과 경험을 토대로 이야기할 수 있는 기회가 생깁니다.

이렇게 질문에 따라 대답의 한계가 생기기 때문에 누가 질문을 할 수 있는가도 하나의 권력이 됩니다. '세상이 좀 불공평하지 않나요?', '대학은 꼭 가야 하나요?'와 같은 질문을 하면, 소위 오랜 세월의 풍파를 맞은 사람들, 예컨대 부모님들이 걱정스러운 눈으로 바라보게 됩니다. 세상을 모른다거나 철이 없다는 이야기를 듣기 쉽습니다. 그러한 질문이 세상에 도전하는 것처럼 보이기 때문입니다. 하지만 우리가 던진 위험한 질문들이 세상을 조금씩 변화시켜왔습니다.

노동유연화, 좋은 거 아닌가요?

청년실업의 원인은 우리 사회에 있습니다. 대부분의 일자리가 너무나 불안정하기 때문에 안정적인 일자리를 원할 수밖에 없습니다. 그렇다면 일자리가 왜 이렇게 불안정할까요? '노동유연화'라는 말에 대해서 알아볼 필요가 있습니다.

이 말도 위치에 따라 다르게 받아들입니다. 노동자들 입장에서는 일자리가 불안정하지만, 사장님들 입장에서는 노동시장이 '유연화' 되었습니다. 유연화하자라고 하니깐 왠지 기존 노동시장은 경직되어 있고 유연화에 반대하는 것은 보수적인 것처럼 느껴집니다. 작명을 정말로 잘한 것이죠. 이 유연화의 대표적인 결과가 비정규직이고, 이것의 극단적 형태가 아르바이트노동입니다.

대한민국 노동자 절반 이상이 비정규직노동자입니다. 워낙 비정규직이 많으니 자신이 비정규직인지도 모르는 채 일을 시작하기도 합니다. 지역 정보지에서 현대자동차 사원 모집 광고를 보고 면접을 보러 가면 현대자동차 공장이 아니라 울산 시내의 이상한 사무실로 가게 됩니다. 인력 파견 회사입니다. 여기서 더 이상한 일이 발생합니다. 현대자동차 공장에서 일하는 줄 알았더니, 현대자동차에 부품을 납품하는 중소기업에서 일하는 겁니다. 여기서 일하는 사람은 두 가지 때문에 늘 불안할 수밖에 없습니다.

첫째, 현대자동차 사원이 아니라는 사실은 차치하고라도 실제로 일하고 있는 중소기업 직원도 아닙니다. 여기서 일하는 사람의 사장은 인력 파견 업체 사장입니다. 이렇게 실제로 일을 시키는 사람이 아니라 파견 업체와 고용계약을 맺는 것을 '간접고용'이라고 합니다. 인력 업체는 사람을 모집해서 노동 현장에 보내고 이익을 얻으니 21세기 판 인신매매라 불러도 될 것 같습니다.

둘째, 현대자동차에 부품을 납품하는 하청 업체에서 일하다 보니 현대자동차가 요구하는 부품의 수량에 따라 일하는 시간이 달라집니다. 하청 업체 입장에서는 현대자동차의 주문량에 따라 필요한 인력의 수가 달라집니다. 당연히도 소득이나 일자리가 불안할 수밖에 없습니다. 대부분 최저임금을 받는 노동자이다 보니 많은 시간 일하지 않으면 충분한 소득을 얻을 수 없습니다. 게다가 회사 눈에 벗어나기라도 한다면 큰일입니다. 현대자동차 사장님은 직접 해고할 필요도 없습니다. 인력 파견 업체와의 계약을 해지해 버리면 그만입니다. 이렇게 되면 회사에 따지기도 어렵습니다.

이렇게 자신이 할 일을 다른 업체에게 넘기고 계약을 맺는 것을 '하청'을 준다고 합니다. 현대자동차와 직접 계약을 맺는 업체 A를 1차 하청 업체라 부르고, 현대자동차를 '원청'이라고 부릅니다. 만약 현대자동차에서 하청을 받은 A사가 그 일을 다른 업체 B에 넘기고 계약을 맺는다면, 이 업체를 2차 하청 업체라고 부릅니다. 울산에는 실제로 2, 3차 하청 업체가 엄청나게 많고, 거기에 종사하는 노동자들도 많습니다. 이 업체들은 현대자동차의 수출 물량에 영향을 받을 수밖에 없습니다. 수출량이 많아서 현대자동차의 주문량도 많아지면, 하청 업체들도 바쁘게 돌아가고 비정규직노동자들도 잔업에 특근에

휴일도 없이 오래 일합니다. 그런데 만약 현대자동차 생산량이 줄어들면 어떻게 될까요? 현대자동차는 하청 업체에 주문하는 주문량을 줄여 버리면 그만입니다. 이렇게 필요한 양에 따라 인력과 생산량을 조정하는 것을 기업 입장에서 '수량적 유연화'라고 부르고, 이를 비정규직이 필요한 이유로 내세웁니다.

중요한 것은 현대자동차가 수량적 유연화를 통해서 발생하는 갈등 비용을 부담할 필요가 없다는 사실입니다. 현대자동차는 직접 해고할 때 발생하는 노동자들과의 갈등을 피할 수 있고 퇴직금 등 각종 수당을 지급하지 않아도 됩니다. 게다가 정규직을 고용했을 때보다 임금도 적게 줄 수 있습니다. 현대자동차가 정규직에게 300만원을 지급했다면 하청 업체에 250만원을 주고, 하청 업체는 이중에서 50만원을 떼고 노동자들에게 200만원의 월급을 주는 식입니다.

상황이 이렇다 보니, 현대자동차 공장 안에 유령의 하청 업체를 만들어서 정규직과 똑같은 일을 시키면서도 임금과 노동조건에서 차별하는 형태가 나타나기도 합니다. 이런 업체를 '사내하청'이라고 부릅니다. 현대자동차 임직원 중 한 명에게 '근대'라는 이름의 회사를 만들게 합니다. '근대'에 입사한 노동자도 현대자동차 공장에서 일하게 됩니다. 예를 들면, 오른쪽 바퀴를 다는 일은 현대자동차 정규직이 하고 왼쪽 바퀴 다는 일은 '근대'에 입사한 비정규직이 하는 것입니다. 물론 비정규직이라는 이유로 각종 차별을 받게 됩니다.

비정규직노동자 입장에서는 여간 곤란한 일이 아닐 수 없습니다. 일단 임금이 매우 낮습니다. 임금이 낮아서 생활에 필요한 소득을 얻기 위해서는 10시간이고 12시간이고 휴일도 없이 긴 시간 일해야 합니다. 결정적으로, 언제 해고될지 모르는 불안감 속에 살아야 합니다. 그러다 보니 재계약 권한을 가진 사람에게 잘 보이는 게 중요해집니다. 그래서 부당한 일을 당하더라도 참을 수밖에 없습니다. 몸이 아프거나 자식이 사고를 당해도 출근해야 하고, 생리휴가나 연차를 쓰는 것도 눈치가 보입니다. 실제로 현대자동차에서 어떤 사내하청 비정규직노동자는 법에 보장되어 있는 휴가인 월차를 쓰겠다고 이야기했다가 관리자에게 폭행을 당했습니다. 관리자는 그래도 분이 풀리지 않았는지 노동자가 입원해 있는 병원까지 찾아가 아킬레스건을 잘라 버립니다. (이 노동자는 이러한 탄압에도 포기하지 않고 나중에 비정규직노동조합의 위원장이 됩니다.) 비정규직노동자는 사람으로 보지 않는 것입니다.

더욱 중요한 것은 부당한 일을 당했을 때 호소할 곳이 없다는 것입니다. 만약 '근대'라는 회사에 대해 항의하면 현대자동차는 그 회사를 없애 버리면 그만입니다. 아니면 하청 업체 책임이지 현대자동차 책임은 아니라고 말하면 그만입니다. 그러나 실제로 하청 업체들이나 인력 파견 업체들은 현대자동차가 관리하고 그 영향 아래 있습니다. 현대자동차가 계약을 해 주지 않으면 하청 업체는 문을 닫아야 하기 때문입니다. 한국 경제에서 대기업은 힘이 너무나 강합니다.

이런 상황 때문에 비정규직노동자들은 노동조합을 결성하기도 힘들고 함께 싸우기도 힘듭니다. 현대자동차 사내하청 노동자들은 그나마 현대자동차 공장 안에 모여 있고 제조업 분야의 파견은 불법이라는 대법원 판결이 있기에, 힘겹지만 싸움을 이어 가고 있습니다. 그러나 2, 3차 하청 노동자들의 경우에는 이 공장 저 공장을 전전하는 경우가 많아 모이는 것 자체가 힘듭니다.

지금까지는 주로 노동시장에서 나타나는 고용유연화라는 형태에 대해 이야기했습니다. 그중에서도 계약직노동을 가지고 설명했습니다. 그러나 유연화의 형태는 이것보다 더 다양합니다.

IMF 사태 때 「근로기준법」을 개정하여 '정리해고 제도'가 도입되어, 기업이 노동자를 쉽게 해고할 수 있게 해 줬습니다. 경직되어 있는 '철밥통' 일자리 때문에 국가경제가 어려워졌으니 기업이 '경영상의 어려움'이 있다고 판단하면 노동자를 해고할 수 있게 한 것입니다. 쉽게 이야기하면, 사장님들이 경영이나 투자를 잘못해서 회사가 어려워지든 임원들 임금이 너무 높아서 회사가 어려워지든 상관없이 회사가 어렵다고 판단되면 언제든지 노동자를 해고할 수 있다는 겁니다. 코레일 경영진이 용산 재개발에 막대한 금액을 투자했다가 용산 개발이 취소되자 구조조정을 실시한 것과 같습니다.

노동시장에서 볼 수 있는 여러 형태의 유연화는 서로 맞물려 있습니다. 1997년 IMF 구제금융 이후 기업들은 대량으로 정리해고를 단행하고, 정리해고 당한 사람들 또는 그들의 다음 세대를 비정규직으로 고용합니다. 해고되어 재취업을 기다리는 동안, 아르바이트노동도 하고 대리운전도 하고 아니면 피자집이나 치킨집을 창업합니다. 노동시장의 구조조정 속에서 개인은 심리적 압박, 가정불화, 스트레스에 시달리다가 급기야 자살을 선택하기도 합니다. 한국 자살률이 세계 1위인 것은 그냥 이루어진 것이 아닙니다. 이런 일이 10년 넘게 지속되다 보니, 젊은 세대 입장에서는 갈수록 안정적인 일자리를 구하기 힘들어지고 비정규직노동자의 삶을 살아갈 수밖에 없습니다.

안정된 일자리를 얻었다고 해도 불안정한 삶에서 벗어나지는 못합니다. 임금체계 역시 불안정하게 바뀌고 있습니다. 성과급이 대표적입니다. 성과급이라 하면 능력에 따라 임금을 받으니 좋은 거 아니냐고 반문할 수도 있습니다. 그러나 기업 입장에서는 노동자가 성과급을 받아가든 고정된 월급을 받아가든 크게 상관하지 않습니다. 가령, 시급이 1만원인 상태에서 어떤 노동자가 보통 8시간이 걸려서 만드는 고급 빵을 같은 시간 노동하여 두 개 만들었다고 합시다. 이처럼 열심히 일한 이유는 성과급 때문이겠죠. 만약 그 노동자가 정상적으로 16시간 동안 노동해서 빵 두 개를 만들었다면 16만원의 임금을 받았을 것입니다. 그런데 8시간 만에 빵 두 개를 만든 노동자에게 회사가 보너스로 8만원을 추가로 줬다고 하면, 기업 입장에서는 빵 두개를 임금 16만원을 들여 만든 것입니다. 이런 경우라면 비교적 양심적인 기업의 이야기고, 실제로는 보너스를 이것보다 적게 줄 것입니다. 성과급을 4만원 정도만 내걸어도, 노동자들 입장에서는 빨리 빵을 만들면 오늘 12만원, 내일 12만원, 이렇게 이틀 동안 24만원을 벌수 있습니다. 이 경우 회사는 4일에 걸쳐 32만원의 임금을 지불해야 생산할 수 있는 빵 네 개를 노동자들의 '자발적인' 노력으로 24만원의 임금만으로 얻을 수 있습니다. 이런 것을 '임금유연화'라고 합니다. 이 경우에 노동자들의 노동강도는 두 배로 올라갑니다. 임금유연화는 노동자들의 건강을 파괴하고 노동자들 사이의 경쟁을 심화시킵니다. 빨리빨리 하다 보니 작업 도중 다칠 위험도 크지요. 한국의 '빨리빨리' 문화는 한국인의 성품이 아니라 한국 자본주의의 성격일 뿐입니다. 스스로의 선택이라는 생각 때문에, 건강을 잃거나 산업재해를 당해도 항의하기를 꺼립니다. 임금유연화에도 노동자들 사이에 경쟁을 부추겨 연대를 가로막는 효과가 있습니다.

노동유연화의 극단적 형태, 알바

대형 프랜차이즈 업체의 구조는 거의 같습니다. 본사가 있고, 본사 밑에 가맹점들이 있습니다. 이 가맹점들은 일종의 하청 업체와 같습니다. 현대자동차 하청 업체가 자동차 생산에 필요한 부품을 현대자동차에 납품한다면, 프랜차이즈 가맹점은 소비자에게 본사 대신 상품을 제공하고 이윤의 일부를 대기업에 납부하는 형태입니다. 그리고 대리점 업주는 독립적인 사장이 아닙니다. 프랜차이즈 본사의 방침에 따라 움직입니다. 그래서 본사의 방침에 따라 인테리어도 바꿔야 하고 물품도 배치해야 합니다. 맥도날드, 피자헛 같은 패스트푸드점의 경우에는 음식을 만드는 레시피, 아이스크림의 양, 양념을 뿌리는 위치 등도 모두 상세하게 정해져 있습니다. 이렇게 가맹점의 이윤, 노동과정, 운영은 본사의 통제 아래 있지만, 본사는 가맹점에 대해 책임을 지지 않습니다. 그래서 가맹점이 이윤을 내든 말든 점포를 늘릴수록 본사에게는 유리합니다. 점포 하나마다 고정된 수익을 받을 수 있기 때문입니다. 가까운 거리에 세븐일레븐이나 파리바게트가 여럿 있는 모습을 볼 수 있는 이유도 여기에 있습니다.

여기서 일하는 아르바이트노동자는 본사가 아니라 가맹점 소속 비정규직인 셈입니다. 아르바이트노동자에게는 위에서 살펴본 불안정함 외에 추가적인 어려움이 있습니다. 내가 일하는 곳이 망하지는 않을까 걱정해야 한다는 점입니다. 자기 코가 석 자지만, 영세한 자영업자의 운명도 자기와 별로 다를 게 없다고 생각합니다. 그래서 아르바이트노동자들이 조직을 만들고 싸움을 하는 것이 쉽지 않습니다.

이러한 불안정함은 연령과 직업을 불문하고 점점 더 보편화되고 있습니다. 은퇴를 앞둔 사람들은 노후에 대한 불안함, 취업을 준비하는 사람들은 실업에 대한 불안함, 비정규직은 임금과 계약 연장에 대한 불안함, 정규직은 언제 정리해고를 당할지 모를 불안감에 휩싸여 있습니다. 비교적 고수입의 전문직 종사자들도 마찬가지입니다. 월급 받는 변호사들도 나이가 들면 독립해야 하는데, 사무실을 유지하고 직원에게 급여를 주려면 상당히 많은 매출을 올려야 합니다. 의사들도 살아남기 위해서는 지옥 같은 전공의 생활을 견뎌내고 장시간 노동에 시달려야 합니다. 아울러 영업 경쟁에서 승리해야 합니다. 각종 부채와 높은 교육비 등도 피해갈 수 없는 문제입니다. 사장님이라 불리는 영세자영업자들 역시 높은 임대료와 대기업과의 경쟁 때문에 피가 마릅니다. 사장님과 노동자의 경계가 불분명할 정도입니다. 그렇다고 한국의 사회안전망이 탄탄해서 소득이 줄더라도 최소한의 인간적인 생활이 가능한 것도 아닙니다. 오늘날 사람들이 불안정한 상태에 놓여 있는 것이 점점 더 보편화되고 있습니다. 사실상 모두가 아르바이트노동자와 다를 바 없이 저임금 장시간 노동의 피로한 삶을 살아가고 있거나 곧 가게를 접고 다시 노동자가 되어야 하는 상황에 놓여 있는 것입니다.

'프레카리아트precariat'라는 말은 '불안정한'이라 뜻의 precarious와 '무산자'라는 뜻의 proletariat가 합쳐져 만들어진 말입니다. 정규직노동자가 노동시장에서 주를 이루고 있던 시대와 다르게 불안정한 노동자들이 일반화되고 늘어나면서 생긴 말입니다. 프레카리아트는 전통적인 의미에서 공장에서 일하는 노동자뿐만 아니라 노동시장 자체에서 배제된 장애인, 실업자, 빈민, 취업준비생 등과 노동시장에서 차별받는 비정규직, 아르바이트노동자, 그리고 정리해고의 위협 속에서 떨고 있는 정규직노동자들을 포괄합니다. 이들은 오늘날의 불안정한 사회경제시스템으로 인해 등장한 새로운 계급이라고 볼 수 있습니다. 모두가 알바와 같은 상태라고 할 수 있겠습니다. 프레카리아트의 등장이 한국만의 현상은 아닙니다. 전 세계적인 현상이라고 볼 수 있습니다. 그렇다면 왜 이렇게 불안정노동자들이 늘어났을까요? 이에 답하려면 자본주의사회가 어떻게 변해 왔고 신자유주의 경제시스템이 무엇인지를 살펴볼 필요가 있습니다.

정규직은 왜 사라졌나?

비정규직은 정규직이 아닌 사람을 가리킵니다. 정규직이란 고용이 보장되어 있고, 일하는 경험이 쌓이면 임금이 올라가고, 회사가 제공하는 식당, 교육비 등 각종 복지 혜택을 받을 수 있는 고용 형태입니다. 지금 불안정한 일자리를 전전하는 사람들의 입장에서 보면 이러한 정규직이 '귀족'처럼 보일 수도 있습니다만, 불과 10년 전, 곧 IMF 구제금융 이전만 하더라도 이러한 고용 형태는 당연한 것이었고 비정규직이 예외적이었습니다. 그러면 기업이 왜 이러한 고용 형태를 택했었고 또 왜 지금은 이런 형태를 버리게 되었을까요?

노동자가 정규직으로 고용되면 직장에 대한 소속감이 높아집니다. 많은 사람이 알바노동자들에게 책임감이 없다고 비난하는데, 임금도 낮고 노동환경도 열악한 곳에서는 소속감과 책임감을 기대하기 힘듭니다. 일을 오래하고 경험을 쌓아야 일도 잘 할 수 있습니다. 일하면서 터득한 요령과 기술들을 지칭하는 '노하우'라는 말이 유행했던 적이 있었습니다. 정규직이 일반화되었을 때는 노동자들에게 노하우가 많았습니다.

다음으로, 임금은 각자의 통장에 찍히는 순간, 노동자들에게는 상품을 구매하기 위한, 즉 소비를 위한 돈이 됩니다. 노동자들이 임금을 많이 받으면 소비가 늘어 기업 입장에서는 상품을 판매하기에 용이해집니다. 노동자 임금이 높아지는 것이 부자들 수입이 늘어나는 것보다 경제 활성화에 더 큰 영향을 미칩니다. 만약 부유층 1명에게 100억의 돈이 들어오면 수십억의 땅을 사거나 빌딩을 사거나 사치품을 사는 데 그칠 것입니다. 돈이 위에서만 도는 것입니다. 돈을 쓰지 않고 쌓아 둘 수도 있습니다.

그런데 이 돈이 10,000명의 평범한 사람들에게 백만원씩 돌아간다면 어떻게 될까요? 평범한 사람들의 소비가 늘어나서 '서민 경제'가 활성화됩니다. 여유가 생겨 식당에서 밥을 사 먹으니 식당 주인의 수익이 올라가고, 그 식당 주인은 일하다 더러워진 옷을 그 옆집 세탁소에 맡기고, 세탁소 주인은 미용실에 가서 파마를 할 수 있을 겁니다. 이렇게 계속해서 소비가 연쇄적으로 일어나는 것을 경제학자 케인스는 '승수효과'라고 부릅니다. 저소득층일수록 수입을 더 많이 지역 상권에서 소비할 것이고 그러면 생필품 소비가 늘어나서 승수

효과가 커져 경제적으로 활기를 띠게 됩니다. 지난 2008년 국제적인 경제 위기 이후 노벨경제학상 수상자들 대부분이 해결책으로 임금을 올리고 복지를 향상할 것을 내세운 것도 이런 이유입니다. 이러한 안정적인 시스템은 무너지기 시작합니다. 그 이유를 알기 위해서 우리는 20세기 경제의 역사를 살펴볼 필요가 있습니다.

세계대공황

역사의 진보를 믿었던 많은 사람에게 20세기의 시작은 믿음과 배신이 어우러진 혼돈의 시기였습니다. 이성적이라 믿었던 인간들은 수많은 사람을 학살할 전쟁을 일으켰고, 1789년부터 거의 100년 동안 프랑스를 혼란에 빠트렸던 혁명이 러시아에서 다시 시작되었습니다. 자코뱅은 실패했지만 레닌은 성공했습니다.

이런 와중에 1929년 10월 전 세계는 '검은 목요일'을 맞이합니다. 전 세계가 패닉에 빠지는 대공황입니다. 경제학자들이 혼란에 빠집니다. 일하고 싶은 노동자들은 많은데 공장은 돌아가지 않습니다. 노동자와 공장 모두 노는 상황이 벌어집니다.

이때 케인스라는 영국 경제학자가 나타나 혼란스러운 상황을 설명합니다. 이전까지 많은 사람은 소득이 생기면 그 소득을 소비하거나 저축한다고 생각했습니다. 가계가 은행에 돈을 맡기면 은행은 이 돈을 기업에 빌려줘서 생산이 일어나고, 이렇게 만들어진 상품을 사람들이 소비하게 되고, 여기서 기업은 수입과 투자금을 확보하게 되고, 이 투자금은 많은 사람의 임금이 되어 다른 상품을 구입하는 원

천이 되고, 이런 식의 선순환을 생각했다는 겁니다. 그러나 저축한 돈이 투자로 이어지지 않기 시작합니다. 심지어 금리생활자들이 새로운 생산에 자본을 대기보다는 자산을 축적하기 위해 투기를 시작합니다. 자본주의 역사에서 이미 본 따분한 연극을 다시 보는 것처럼, 경제가 거품을 만들어 내기 시작합니다. 케인스는 이들을 사회의 기생충과 같은 존재라고 생각했습니다.

전통적인 경제학자들은 투자가 벌어지지 않는 상황에서는 금리를 내려야 한다고 주장합니다. 이자가 낮으면 대출을 받아 투자하는 사람이 늘어난다고 생각한 겁니다. 그런데 공황이 벌어졌을 때, 사람들은 저축하지 않습니다. 노동자들은 소득이 낮아져 저축할 여력이 없었고, 오랫동안 돈을 모아 놓은 사람들은 은행의 파산이 두려워 돈을 빼갔습니다. '뱅크런'이 벌어진 것입니다. 은행이 가지고 있는 돈도 말라 버렸으니 금리를 내릴 방법도 없습니다. 기업도 위험을 감수하며 추가로 투자하지는 않습니다. 소득은 점점 줄어들고 고용도 줄고 공장도 돌아가지 않습니다. 케인스는 이때 국가가 나서서 투자해야 한다고 주장합니다.

케인스는 같은 논리로 실업의 원인을 설명합니다. 수요-공급 그래프를 믿었던 사람들은 대량 실업이 벌어지는 원인이 너무 높은 임금 때문이라고 생각했습니다. 그러나 케인스는 다르게 생각합니다. 저임금을 받고라도 일하고 싶다는 사람은 넘쳐 납니다. 노동력의 공급 그래프는 낮은 가격대에서 유지되고 있었던 겁니다. 반면에 노동자에 대한 수요가 없습니다. 케인스는 노동자들에 대한 수요를 국가가 나서서 만들어 내야 한다고 주장합니다.

국가재정도 마찬가지입니다. 공급과 수요 그래프를 믿고 있던 사람들은 국가가 균형재정을 이루어야 하기 때문에 국가의 지출을 줄여야 한다고 주장했습니다. 케인스는 국가가 빚을 지더라도 공공 지출을 늘려서 경제를 살려야 한다고 주장합니다. 즉, 당시 공황의 원인을 수요 부족이라고 주장합니다.

케인스의 주장은 미국에서 받아들여집니다. 루스벨트 대통령의 그 유명한 뉴딜 정책이 바로 그것이지요. 그러나 진정한 뉴딜 정책은 제2차 세계대전이었습니다. 이때야말로 댐이나 항만 공사와는 비교도 안 될 정도로 재정지출이 급격하게 늘어났습니다. 군수공장은 계속해서 돌아갔고, 비싼 폭탄들이 인간의 머리 위에서 소비되었습니다. 일자리는 늘어났고, 군대에 나간 남성 대신 여성의 노동 참여도 급격하게 늘어났습니다. 케인스의 눈에는 국가의 개입으로 수요가 늘어나 수요-공급 그래프가 균형점을 찾으면 경제는 별문제가 없었습니다. 케인스는 옳은 것처럼 보였습니다. 적어도 1970년 이전까지는 그랬습니다.

완전고용 사회에 대한 꿈, 황금기 자본주의

제2차 세계대전이 막바지에 이르렀을 때, 사람들은 전쟁 후의 세상에 대해 구상하기 시작합니다. 미국 뉴햄프셔 주에 있는 휴양지 브레턴우즈에 세계 지도자들이 모여 전후 세계경제와 관련해 중요한 결정들을 내립니다. 그 핵심은 바로 금-달러 본위제의 도입이었습니다. 금 1온스당 35달러의 금-달러 본위제 도입은 미국의 위상을 보여 주

는 것이었습니다. 이제 전 세계는 미국이 자국 화폐를 금으로 바꿔
줄 수 있다는 믿음을 가지고 경제를 운영하기로 결정하게 됩니다. 그
누구도 미국의 지배력에 의문을 제기할 수가 없었습니다.

국제통화기금IMF과 세계은행IBRD을 만듭니다. 세계화폐가 정해졌
으니 활발한 국제경제도 생각해 볼 수 있습니다. 국제적인 무역을 위
해서 관세무역일반협정GATT을 창설하기도 하는데, 이것은 이후 국제
무역기구WTO, 최근에는 자유무역협정FTA으로 발전하게 됩니다.

전쟁이 끝나고 자본주의는 황금기를 맞습니다. 중요한 것은 불량
없이 많은 양을 생산하는 것이었습니다. 미국은 생산하고 소비할 준
비가 되어 있었습니다. 이때 테일러-포드주의가 도입됩니다. 공장에
서 가장 효율적으로 노동자들을 관리하는 시스템이 만들어진 것입
니다. 대량생산과 대량소비는 최고의 선순환을 이루었습니다. 많이
생산했고 많은 임금을 주었습니다. 그만큼 많은 소비가 가능했기 때
문에 기업은 더 많은 이윤을 바탕으로 더 많이 생산할 수 있었습니
다. 안정적인 일자리를 바탕으로 노동조합의 힘도 강해집니다.

1950~60년대 자본주의 황금기의 성장과 노동자운동의 오랜 투
쟁의 결과로 복지제도가 만들어집니다. 이때는 완전고용 사회가 목표
였기 때문에 복지정책은 고용된 노동자의 후생과 2% 남짓한 실업자
에 맞추어졌습니다. 교육과 의료는 무상으로 제공되었고, 실업급여와
직업훈련이 제공되었습니다. 완전고용과 안정적인 사회안전망이라는
튼튼한 복지국가가 만들어지기 시작합니다. 모든 것이 잘 돌아가는
것처럼 보였습니다.

물론 남성 가장 노동자와 남성 사장의 '남성 연대'와 자연을 착

취하는 '생산자 연대'에는 한계가 있습니다. 여성은 가사노동과 성차별에 시달렸고, 자연은 무제한의 착취 구조하에 놓였지요. 이는 이후 68혁명의 도화선이 됩니다. 그리고 여기엔 황금기 자본주의를 지탱하는 정치·군사적 토대인 미국이 있었습니다. 베트남전쟁은 이 기만적 평화를 무너뜨립니다.

베트남전쟁과 핫머니의 탄생

베트남전쟁은 달러를 헬리콥터로 들이붓는 전쟁이었습니다. 금으로 바꿔 줘야 할 달러가 너무 많이 뿌려지기 시작합니다. 다른 나라들은 미국에 물건을 팔면서 달러를 많이 소유하게 됩니다. 달러가 너무 많이 도니 달러 가치가 급락합니다. 결국 1971년 미국 닉슨 대통령은 달러를 금으로 바꾸어 주는 것, 곧 금 태환을 정지한다고 선언합니다. 금 태환 중단 조치로 달러 가치는 급락합니다. 미국에게 채권을 가지고 있던 국가들은 엄청난 손해를 봤고, 미국은 이를 통해 부채를 털어 버릴 수 있었습니다.

그리고 1970년대에 크게 두 차례 '오일쇼크', 즉 원유가 폭등 사태가 터집니다. 또 스태그플레이션이라 부르는 현상이 나타납니다. 통상적으로는 경제가 성장할 때 물가가 상승하게 되고 고용이 늘어나지만, 물가가 오르는데도 실업이 크게 늘게 된 것입니다. 국가가 개입해 재정지출을 늘려도 실업이 해결되지 않습니다. 중앙정부는 물가도 잡지 못합니다. 케인스의 구상이 설 자리가 없어졌습니다.

이때 국가가 경제에 개입하는 것에 반대하는 사람들이 나타납니다. 오스트리아의 하이예크, 미국의 밀턴 프리드먼 등, 통화주의자라고도 불리는 신자유주의자들입니다. 이들은 국가의 개입 때문에 경제가 망했다고 이야기합니다. 그러면서 인플레이션을 막기 위한 조치들을 단행해야 한다며, 금리를 왕창 올려서 통화 발생을 억제하자고 합니다. 풀린 돈이 너무 많다는 겁니다. 재정지출도 줄이자고 합니다.

원유를 팔아 돈을 벌어들인 중동의 부자들은 그렇게 모은 달러를 유럽과 미국의 은행에 맡기거나 달러 시장에 내놓습니다. 이것이 '오일달러'입니다. 이 돈이 핫머니, 즉 국제금융시장에서 유리한 곳을 찾아 투기적으로 유동하는 단기자금이 되며 엄청난 투기자본을 형성하게 됩니다. 이 돈들은 주로 라틴아메리카에 투자됩니다.

그런데 갑자기 금리가 오르기 시작합니다. 경기가 불황이어서 투자자들이 돈을 회수하기 시작했습니다. 달러가 마르기 시작합니다. 외환 보유고가 부족했던 라틴아메리카 국가들은 IMF에서 구제금융을 받는 조건으로 신자유주의적 구조조정을 단행합니다. 미국에서 유학하고 돌아온 사람들이 이런 나라 관료가 되면서 구조조정은 더욱 탄력을 받습니다. 노동시장에서 해고가 자유로워지고 재정지출을 줄이면서 복지를 축소합니다. 금리를 올립니다. 이렇게 해야 IMF에서 빌린 돈을 빠르게 갚을 수 있을 것처럼 이야기했습니다. 그 결과는 한국과 동아시아 국가들이 1997년 직후에 겪었던 것과 크게 다르지 않았습니다.

신자유주의와 금융산업의 발전, 완전고용 사회의 붕괴

1980년대 영국의 대처와 미국의 레이건이 정권을 잡으면서 이론으로 존재하던 통화주의 정책들은 현실의 권력이 됩니다. 금융산업을 키우고 공공 지출을 줄이는 문제는 특히 민중들 삶에 심각한 영향을 미쳤습니다. 그것은 기존의 황금기 자본주의가 만들어 놓은 완전고용, 사회안전망, 노동조합의 틀을 깨부숴야 가능한 일이었습니다. 이에 저항하는 노동조합의 파업은 대부분 패배합니다. 자본은 그동안 힘이 약해서 노동자들의 요구를 들어준 것이 아니라 고임금과 복지를 제공할 충분한 힘을 가지고 있었기 때문에 잠시 양보한 것뿐이었습니다. 그리고 새로운 금융자본주의 세계에서 손쉽게 돈을 벌기 시작합니다.

가령 어떤 컴퓨터 제작 업체가 컴퓨터를 만들어 판매하여 6개월 뒤에는 200억원의 이윤이 발생할 것으로 예상된다고 합시다. 누군가 이 회사에 200만원을 투자하여 회사로부터 20만원의 배당금을 받을 수 있는 주식을 샀다고 합시다. 회사 입장에서는 200만원의 부채가 생긴 게 아니라 200만원의 자본이 생겼습니다. 투자자 입장에서는 220만원 가치의 주식이라는 자산이 바로 지금 생긴 겁니다. 만약 스마트폰 같은 혁신적인 상품이 나와서 그 회사 컴퓨터의 가치가 떨어져버린다면 그 주식은 휴지조각이 되겠지요. 220만원은커녕 원금 200만원도 회수하지 못할 수 있기 때문입니다. 거꾸로, 스마트폰이 인체에 해롭다는 연구 결과가 발표된다면 컴퓨터를 생산하는 그 회사의 주식 가치는 올라갈 것입니다. 여기서 중요한 것은 실제로 그 업체가 200억원의 수익을 낼 수 있게 컴퓨터를 생산하는 데 있지 않습니다. 중요한 것은 사람들의 믿음입니다. 수익의 실현 여부는 미래에나 알 수 있습니다. 그런데 이 믿음이 붕괴되는 순간 경제도 무너집니다.

'서브프라임 모기지 론' 사태도 그런 것이었습니다. 돈 없는 사람도 집을 살 수 있다는 광고를 부시 대통령까지 나서서 합니다. 은행은 신용등급이 낮은 사람에게 대출해 줍니다. 은행은 이자가 수익이기 때문입니다. 그런데 이렇게 대출을 받고 집을 사려고 하는 사람들이 많으니 주택 가격이 오릅니다. 주택 가격이 오르면 대출은 더 늘어납니다. 은행 입장에서는 대출을 받은 사람이 빚을 갚지 못하면 집을 압류해 팔면 되고, 대출을 받은 사람도 집을 팔아서 빚을 갚으면 된다고 생각합니다. 건설사 입장에서는 이러한 믿음 때문에 주택을 더 많이 짓습니다.

그리고 여기에 금융 상품이 등장합니다. 채권을 되파는 거래도 등장하고, 채권의 위험을 회피하기 위한 '파생 상품'도 등장합니다.

이런 '막장 드라마'는 곧 파국적인 종말을 맞습니다. 주택 가격 상승에 대한 기대로 외진 곳에 별장을 대규모로 짓는 일까지 벌어졌습니다. 주택 가격이 더 이상 오르지 않거나 채권자가 이자를 못 갚는 순간부터 모든 드라마는 파국을 맞습니다. 주택을 담보로 삼았던 은행들은 담보 가치가 하락하자 이자율을 올려 원금을 회수하려 하게 됩니다. 대출을 받은 사람은 높은 이자를 내지 못하게 됩니다. 은행은 집주인을 내쫓고 담보인 주택을 경매에 붙입니다. 경매로 나온 집이 많으니 주택 가격은 더 내려갑니다. 이와 관련된 금융시장도 함께 붕괴합니다. 한국의 국민연금과 한국투자공사도 메릴린치, 리먼브

라더스 등에 투자했다가 손해를 보았습니다.

　이처럼 자본주의는 실물경제에서 더 이상 이윤을 얻기 어렵게 되자 금융시장에 눈을 돌렸습니다. 그리하여 금융산업이 발달하게 됩니다. 그리고 금융시장의 발달은 노동자들에 대한 탄압과 함께 이루어졌습니다. 노동조합을 탄압해야 구조조정도 쉽고 구조조정이 쉬워야 마음 놓고 투자할 수 있기 때문입니다.

　이런 식의 사회에서는 복지제도도 축소됩니다. 복지제도 자체가 기업 입장에서는 상품을 판매할 수 있는 시장을 가로막는 장벽입니다. 국민건강보험이라는 의료보험을 없애 버린다고 생각해 봅시다. 그렇다면 태어나면서부터 삼성화재나 한화생명 같은 보험사에서 판매하는 보험에 가입해야 할 것입니다. 사회안전망이 사라지는 대신에 기업의 매출은 오릅니다. 교육 분야에서도 마찬가지입니다. 기업에게 세금을 깎아 줘서 '자유로운 기업 활동'을 보장해야 하니 복지에 사용되는 예산이 줄어들게 됩니다. 이때 이데올로기가 만들어집니다. 기업에게 자유를 줘서 기업이 열심히 이윤을 획득하게 하여 늘어난 이윤만큼 세금을 더 많이 걷을 수 있다는 논리입니다. 이것을 어떤 경제학자가 자기 이름을 따 '래퍼 곡선'이라는 이름으로 증명하기도 합니다. 물론 현실에서 세수는 더 줄어들었습니다.

　금융산업은 엄청남 규모가 되었습니다. 미국은 공해나 파업이 따르는 제조업을 점차 해외로 이전하고 월 가를 키웁니다. 2017년 기준으로 글로벌 금융자산 규모는 1,000조달러(107경원)로 세계 총생산의 열 두 배에 달한다고 합니다(「양적 완화로 글로벌 금융자산 1,000조 달러 돌파」, 『중앙선데이』 2018년 1월 7일). 금융시장의 확대는 거품을 만들었고, 그 거품은 결국 꺼집니다. 거품이 걷힌 현실은 참담합니다. 양극화는 심화되었고, 노동시장은 불안정해졌고, 저임금과 비정규직이 늘어났습니다. 정말로 중요한 것은 이 거품이 꺼졌을 때, 또다시 이 책임을 노동자들에게 전가하는 것입니다. 그때의 모습을 기억할 필요가 있습니다.

거품경제로 인한 절망과 프레카리아트의 탄생

경제 위기가 닥치면 막대한 규모의 구제금융이 투입됩니다. 미국의 경제 통신사 '블룸버그'의 추산에 따르면, 서브프라임 모기지 론 사태로 인한 손실이 약 1,500억달러였던 데 비해 이로 인해 촉발된 금융위기에 미국 정부와 중앙은행은 13조2,000억달러를 쏟아 부었습니다. 파산 직전의 골드만삭스는 194억달러의 구제금융을 받았고, AIG는 2008년에 850억달러를 지원받았고 위기가 계속되자 1,000억달러에 가까운 돈을 추가로 지원받습니다. 모두 국민이 낸 세금입니다.

금융자본과 투기자본의 범죄적 행위를 처벌하는 것은 쉽지 않습니다. 미국 증권거래위원회SEC는 골드만삭스를 사기 혐의로 기소했다가 5억5천만달러(약 6,600억원)의 벌금을 내는 것으로 합의했습니다. 하지만 골드만삭스는 이미 10억달러의 이익과 1천5백만달러의 수수료를 챙겼습니다. 심지어 망해 가는 기업들을 인수하여 더 거대해졌습니다.

많은 사람이 글로벌 경제 위기를 계기로 '금융 개혁'을 기대했지만 개혁은 실패로 끝났습니다. 게다가 경제 위기를 벗어나는 방식이란 또 다른 거품을 만드는 방법입니다. 소비자의 돈이 말랐으니 대출을 늘려 소비를 촉진하는 겁니다. 고맙게도 국가와 은행은 대출의 문을 활짝 열었습니다. 은행의 입장에서는 정부가 보증하니 대출해 줘도 마음이 놓입니다. 부채의 효과는 대단합니다. 부채를 진 사람은 개인입니다. 대출은 자신의 선택이라고 생각할 뿐, 부채를 질 수밖에 없는 사회에 대해 비판적으로 생각하지 못합니다. 한국은행「가계신용 동향」에 따르면 2017년 4/4분기 가계부채는 1,490조 9천억원으로 GDP와 맞먹습니다.

이런 상황에서는 불안정노동자들이 대량으로 탄생할 수밖에 없었습니다. 세상은 여러분이 아르바이트노동자이거나 비정규직이거나 심지어 백수라는 사실을 상기시키며 차별과 편견이 가득한 눈으로 쳐다보지만, 이것은 여러분만의 책임이 아닙니다.

이제 불안정노동자에 대해 다음과 같이 이야기할 수 있을 것입니다. 그것은 체제가 만들어 낸 작품입니다. 그리고 그 체제의 특징은 다음과 같습니다. 먼저 고용이 불안정합니다. 언제 해고될지, 재계약이 가능할지, 아니 노동시장에 진입할 수 있을지조차 모릅니다. 고용과 비고용 상태를 반복한다고 표현해야 할 정도입니다. 두 번째로 소득이 불안정합니다. 노동소득이 불안정한 것을 넘어서 사회안전망이 전무하여 생활에 필요한 복지서비스도 없습니다. 세 번째로 아무것도 가진 것이 없음에도 수탈당합니다. 프롤레타리아트는 몸뚱이 이외에 아무것도 가진 것이 없는 존재라고 이야기합니다. 그래서 임금노동을 하면서 생계를 유지해야 했습니다. 그런데 신자유주의 시대의 프롤레타리아트, 즉 프레카리아트는 노동하며 착취당하지 않아도 빼앗깁니다. 월세, 이자, 최근에는 취업을 위한 학원비, 시험 응시료 등등으로 빼앗깁니다.

아르바이트노동자가 바로 이러한 프레카리아트의 대표적인 형태라고 볼 수 있습니다.

대안은 없을까요?

제3장

최저임금 1만원

적절한 임금이란?

'최저임금 1만원'을 말하기 전에, '임금'이 무엇인지부터 짚고 넘어갈 필요가 있습니다.

노동법에는 임금에 대해 세 가지 정도의 입장이 있습니다.

먼저 '노동에 대한 대가'라는 입장으로, 일한 만큼 임금을 준다는 것입니다. 당연한 말 같습니다. 그런데 이렇게만 생각하면 우리가 휴가비를 받을 이유는 없습니다.

하지만 노동법에는 휴업수당이라는 것이 있습니다. 사장이 사정이 생겨서 영업을 하지 않으면 노동자들의 수입이 사라져 생계가 곤란하기 때문에 임금의 70%까지 지급하라고 되어 있습니다. 임금을 '노동력에 대한 대가'로 보는 입장이라 할 수 있습니다. 임금을 일한 대가가 아니라 일정한 시간 동안 사용자의 지휘, 명령에 복종할 것에 대한 대가로 보는 겁니다. 고용되어 있으면 임금을 줘야 한다는 것이지요. 이게 법원과 노동법이 채택하는 상식적인 이야기입니다. 그래서 우리가 연차휴가도 받는 거고, 부당하게 해고를 당했다고 판정을 받으면 일하지 못했던 기간 동안의 임금도 받는 겁니다.

마지막으로, 이 두 가지를 합친 시각도 있습니다. 노동의 대가인 부분도 있고 노동자로서의 지위에 있으니깐 보장하는 부분도 있다는 겁니다. 이게 '임금 이분설'인데 지금은 채택하지 않고 있습니다. 임금에 관한 이 세 가지 관점은 어디까지나 노동법 안에서의 논의입니다.

　사장님들에게 임금은 '비용'입니다. 기계 가격, 원료 가격, 임대료와 같이 상품 생산이나 서비스 제공에 필요한 비용입니다. 그런데 한 가지 특이한 점이 있습니다. 사장님들은 재료나 기계를 구입할 때는 바로 돈을 지불합니다. 물론 현금 대신 어음을 발행하는 경우도 있습니다만, 어쨌든 그 비용을 지불하고 구매하는 겁니다. 그런데 유독 임금은 그렇지 않습니다. 임금은 일한 다음에 지급됩니다. 예를 들면 월급은 한 달 일한 뒤에 받습니다.

　기계를 사는 것과 마찬가지로 노동자를 고용하는 것도 그 뒤에 이루어질 일을 위한 것입니다. 사장님들은 일정 시간 동안, 예를 들어 한 달 동안 하루 8시간씩 일한다는 조건으로 노동자를 고용합니다. 물론 사장님이 그렇게 한 것은 이윤을 얻기 위해서입니다. 따라서 사장님은 임금으로 준 것보다 더 많은 것을 노동자가 생산하게 만듭니다. 월 200만원을 주고 사람을 고용했다면, 최소한 그 사람을 부려서 200만원 이상의 수익을 내야겠지요. 특별한 일이 없는 한, 이론상 일하는 사람은 자기가 받는 임금보다 더 많은 가치를 생산합니다.

　이렇게 보자면, 노동자가 자본가와 계약을 맺고 판매하는 것은 노동력입니다. 일을 할 수 있는 능력, 가능성을 사고파는 겁니다. 『세속의 철학자들』의 저자로 널리 알려진 경제학자 하일브로너는 '자신의 가치를 스스로 증식시키는 상품'을 발견하게 된 것이 자본주의의 시작이라고 합니다. 그 상품이 바로 노동력입니다. 이것이 하일브로너의 독창적 생각은 아닙니다. 독일의 혁명가이자 경제학자인 칼 맑스라는 사람이 자본주의사회의 이윤(맑스의 표현대로 하자면 '잉여가치')의 원천을 분석할 때 발견한 것입니다.

자 이제 본래의 이야기로 돌아옵시다. 노동력이라는 상품의 적정가격, 곧 적절한 임금이란 어떻게 결정되어야 하는지 보도록 하겠습니다.

상품의 가격에는 그것을 생산하는 데 들어간 비용과 그것을 생산한 사람의 이윤이 포함되어 있습니다. 그러나 노동력이라는 상품은 다른 상품들과 조금 다르게 가격이 결정됩니다.

먼저 노동력이라는 상품의 가격에는 그것을 생산하는 데 들어간 비용이 포함되어 있다는 점에서 다른 상품의 가격과 마찬가지 방식으로 결정된다고 할 수 있습니다. 김을 생산하려면 김 양식장을 잘 관리해야 하듯이, 노동력을 생산하려면 노동자가 생명을 유지하고 있어야 합니다. 물론 그저 생명을 유지하는 것으로는 부족합니다. 하루 세 끼를 먹어야 하고 잠을 자야 하고 얼어 죽지 않게 옷을 입어야 할 뿐만 아니라, 해당 사회에서 적절한 사회인으로 생활할 수 있어야 한다는 것입니다. 이러한 기준은 시대와 사회마다 다릅니다. 그래서 같은 상품이라도 나라마다 가격이 다르듯이, 임금도 그렇습니다.

다음으로 노동력이라는 상품의 가격에는 다른 상품의 경우와는 달리 이윤이 포함되어 있지 않습니다. 노동력 상품의 판매자, 곧 노동자는 다른 사람을 고용해 이윤을 남기는 사장님이 아닙니다. 시장에 내놓은 상품에는 재료비, 임금 따위의 원가에 사장님의 이윤이 포함되어 있지만, 임금에는 이윤이 포함되어 있지 않습니다.

결론적으로, 노동력의 적정가격, 곧 적절한 임금이란 그 노동력을 생산하는 데 드는 비용, 곧 노동자가 살아가는 데 필요한 비용이라 할 수 있습니다.

대개의 상품의 경우, 소비자가 생각하기에 너무 비싸면 안 사면 그만입니다. 또 소비자가 너무 헐값을 요구하면 생산자는 안 팔면 그만입니다. 그러기를 반복하면서 시장에서 적절한 가격으로 거래가 이루어집니다. 하지만 노동력이라는 상품은 이런 점에서도 특별하다고 할 수 있습니다.

노동자를 고용하여, 곧 노동력을 구매하여 일을 시키지 않으면 사업을 진행할 수 없어 이윤을 얻을 수 없는 사람들이 있습니다. 앞서 말한 사장님들입니다. 기업가라고도 부르지만 '자본가'라 부르는 것이 정확한 사람들입니다. 또한 노동력이라는 상품을 파는 것 말고는 생계비를 얻을 수 없는 사람들이 있습니다. 바로 '노동자'입니다. 이처럼 팔지 않으면 안 되는 사람들이 있고 사지 않으면 안 되는 사람들이 있는 것이 노동력이라는 상품의 특징입니다. 이는 운동화 대신에 구두를 사고판다거나 밥 대신에 빵을 사고파는 것과는 전혀 다른 이야기입니다.

최저임금은 어떻게 결정되나?

그래서 국가는 임금이 아무 기준 없이 시장에서 결정되도록 두지 않습니다. 대개의 상품에 대해서는 너무 높은 가격을 매기지 못하도록 독과점 규제나 공정거래라는 이름으로 개입하지만, 임금에 대해서는 최저한도를 법으로 정합니다. 임금을 시장에서 결정하도록 맡겨두면 상대적으로 힘이 약한 노동자에게 불리한 계약을 맺을 가능성이 높기 때문입니다. 노동자가 살아야 사회가 유지되기 때문이겠죠.

한국에서 이 일을 하는 곳이 최저임금위원회입니다. 최저임금은 매년 최저임금위원회 위원들이 모여 결정합니다. 위원들이 모두 참가하는 전원회의에서 다음해 최저임금을 결정하면 노동부장관은 8월 5일이 가기 전에 이를 공시해야 합니다. 최저임금위원회 전원회의는 통상 6월 말일이나 7월 초에 끝납니다.

최저임금위원회 위원은 모두 27명입니다. 정부, 재계, 노동계에서 각각 9명을 임명하게 되어 있습니다. (정확하게 말하자면 특별위원도 3명이 있지만, 이들은 최저임금을 책정하는 전원회의에는 참여하지 않습니다.) 위원의 구성은 매해 달라지지만, 2018년을 기준으로 보면, 재계를 대표하는 사용자위원에는 한국경영자총협회와 같은 사용자단체와 한국시계산업협동조합, 전국택시운송조합연합회, 경기도가구공업협동조합 같은 업종별 단체의 대표가 들어옵니다. 근로자위원으로는 민주노총과 한국노총의 대표들이 들어오고, 이외에도 김영민 청년유니온 사무처장, 이남신 한국비정규노동센터 소장이 눈에 띕니다. 최저임금의 직접적인 영향을 받는 청년, 비정규직을 대표하는 인물들이 최저임금위원회에서 협상을 하고 있는 겁니다. 과거보다 진일보한 일입니다.

이렇게 구성된 최저임금위원회에서는, 재계와 노동계가 서로의 주장으로 맞서다가 합의가 안 되면 정부 측이 나서서 중재안을 제

적용 년도	시간급	일급 (8시간 기준)	월급 (209시간 기준, 고시기준)	인상률 (인상액)	심의 의결일	결정 고시일
'18.1.1 ~'18.12.31	7,530	60,240	1,573,770	16.4(1,060)	17.7.15	17.8.4
'17.1.1 ~'17.12.31	6,470	51,760	1,352,230	7.3(440)	16.7.16	16.8.5
'16.1.1 ~'16.12.31	6,030	48,240	1,260,270	8.1(450)	15.7.9	15.8.5
'15.1.1 ~'15.12.31	5,580	44,640		7.1(370)	14.6.27	14.8.4
14.1.1~' 14.12.31	5,210	41,680		7.2(350)	'13.7.5	'13.8.2.
'13.1.1 ~'13.12.31	4,860	38,880		6.1(280)	'12. 6. 30.	'12. 8. 1.
'12.1.1 ~'12.12.31	4,580	36,640		6.0(260)	'11. 7. 13.	'11. 8. 1.
'11.1.1~'11.12.31	4,320	34,560		5.1(210)	'10.7.3	'10.8.3
'10.1.1~'10.12.31	4,110	32,880		2.75(110)	'09.6.30	'09.8.3
'09.1.1~'09.12.31	4,000	32,000		6.1(230)	'08.6.27	'08.7.23
'08.1.1~'08.12.31	3,770	30,160		8.3(290)	'07.6.26	'07. 8.1
'07.1.1~'07.12.31	3,480	27,840		12.3(380)	'06. 6.29	'06. 8.3
'05.9~'06.12	3,100	24,800		9.2(260)	'05. 6.29	'05. 7.28
'04.9~'05.8	2,840	22,720		13.1(330)	'04. 6.25	'04. 8. 3
'03.9~'04.8	2,510	20,080		10.3(235)	'03. 6.27	'03. 7.31
'02.9~'03.8	2,275	18,200		8.3(175)	'02. 6.28	'02. 7.27
'01.9~'02.8	2,100	16,800		12.6(235)	'01. 7.20	'01. 8. 6
'00.9~'01.8	1,865	14,920		16.6(265)	'00. 7.21	'00. 8. 5
'99.9~'00.8	1,600	12,800		4.9(75)	'99. 7.20	'99. 8. 5
'98.9~'99.8	1,525	12,200		2.7(40)	'98. 7.23	'98. 8.17
'97.9~'98.8	1,485	11,880		6.1(85)	'97. 7.24	'97. 8.12
'96.9~'97.8	1,400	11,200		9.8(125)	'96. 7. 5	'96. 8. 5
'95.9~'96.8	1,275	10,200		8.97(105)	'95. 7. 3	'95. 8. 5
'94.9~'95.8	1,170	9,360		7.8(85)	'94. 7. 5	'94. 7.29
'94.(1~8)	1,085	8,680		7.96(80)	'93.10.11	'93.12. 4
'93	1,005	8,040		8.6(80)	'92.10.10	'92.12. 4
'92	925	7,400		12.8(105)	'90.10.11	'91.12.13
'91	820	6,560		18.8(130)	'90.10.12	'90.12.13
'90	690	5,520		15.0(90)	'89.10.12	'89.12.19
'89	600	4,800		1그룹 29.7(137.5) 2그룹 23.7(112.5)	'88.10.12	'88.11.12
'88	1그룹 462.50 2그룹 487.50	3,700 3,900		-	'87.12.24	'87.12.30

출처: 최저임금위원회 홈페이지. http://www.minimumwage.go.kr/stat/statMiniStat.jsp

시하여 결정해 버리는 일이 되풀이되고 있습니다. 2018년 최저임금 7,530원을 기준으로 보면 지난 10년간 최저임금은 매년 376원 올랐습니다. 특별히 1,060원이 오른 2018년을 제외하면, 2017년에 6,470원으로 정해지기까지는 9년간 매년 300원씩 오른 셈입니다. 만약 2018년에도 300원 올렸다면 15년 정도가 지난 2032년이 되어서야 '최저임금 1만원'이 됩니다. 그동안의 최저임금액을 정리한 왼쪽 표를 참조하시기 바랍니다.

재계, 곧 경총은 통상적으로 '동결'을 주장합니다. 처음으로 '최저임금 1만원'을 주장했던 2013년에도 동결을 주장하다가, 다수가 항의하자 1% 수준인 48원50전을 올리자고 했습니다. 그러다가 정부 측인 공익위원들이 5,210원으로의 인상을 안으로 제시하자 그대로 통과되었습니다.

최저임금위원회는 최저임금을 결정하기 전에 한국통계학회에 의뢰하여 혼자 사는 노동자의 수입 및 지출, 주거 형태, 직종, 연령, 학력, 성별 등을 조사하여 「비혼 단신근로자 생계비 분석」이라는 것을 작성합니다. 이 책이 처음 나올 때만 해도 "미혼"이라는 표현을 썼는데, 2016년 1차 생계비전문위원회(2016년 4월 21일)에서 연구 용역 제목을 변경할 것을 의결합니다. 결혼을 꼭 해야 하는 것으로 보지 않게 된 세태를 반영한 것입니다. "비혼"이라는 표현은 결혼을 선택으로 여기고 결혼하지 않은 사람의 주체성을 드러내는 용어입니다.

이 보고서는 최저임금위원회가 그 다음 해의 최저임금을 결정할 때 참고하는 자료입니다. 15세 이상 비혼 단신근로자를 대상으로 주거비, 교육비, 교통비 등등을 직접 조사해서 통계를 냅니다. 표본이

연령계층별 비혼 단신근로자 실태생계비 현황

구분	2016 연간					
	전체		29세 이하		34세 이하	
응답자 수	376		73		126	
소득	2,248,188	100%	1,902,524	100%	2,450,835	100%
근로소득	2,015,583	89.7%	1,788,383	94%	2,329,770	95.1%
기타소득	232,605	10.3%	114,141	6%	121,065	4.9%
실태생계비(A+B)	1,752,898	100%	1,648,234	100%	1,907,617	100%
소비지출(A)	1,461,658	83.4%	1,450,750	88%	1,582,940	83%
식료품 · 비주류음료	138,245	7.9%	106,090	6.4%	108,550	5.7%
주류 · 담배	26,374	1.5%	25,626	1.6%	26,478	1.4%
의류 · 신발	101,683	5.8%	114,464	6.9%	126,612	6.6%
주거 · 수도 · 광열	424,941	24.2%	430,096	26.1%	457,760	24%
가정용품 · 가사서비스	44,359	2.5%	27,623	1.7%	33,702	1.8%
보건	89,855	5.1%	57,137	3.5%	78,352	4.1%
교통	126,787	7.2%	118,766	7.2%	150,364	7.9%
통신	67,234	3.8%	81,673	5%	84,395	4.4%
오락 · 문화	100,163	5.7%	101,752	6.2%	110,175	5.8%
교육	21,853	1.2%	51,778	3.10%	32,078	1.7%
음식 · 숙박	208,811	11.9%	237,171	14.4%	260,246	13.6%
기타 상품 · 서비스	111,352	6.4%	98,572	6%	114,227	6%
비소비지출(B)	291,241	16.6%	197,485	12%	324,677	17%
조세	64,847	3.7%	34,064	2.1%	76,353	4%
사회보장	143,859	8.2%	122,138	7.4%	180,691	9.5%
기타	82,535	4.7%	41,283	2.5%	67,634	3.5%

출처: 최저임금위원회, 『비혼 단신근로자 실태생계비 분석보고서』, 2017년 6월.

많지는 않습니다. 2016년의 상황을 조사하여 발표한 위의 보고서는 376명을 대상으로 한 것입니다.

그 결과 평균 월 1,752,898원을 지출한다고 답했습니다. 2017년에 물가가 상승할 것이니, 180만원 이상은 있어야 적자 없이 살 수 있겠지요. 그런데 2017년 최저임금은 6,470원, 월 135만원 정도에 그칩니다. 최저임금위원회가 자신들이 세운 기준조차 충족시키지 못하고 있는 것입니다.

최저임금위원회는 결과에 당황했을 것입니다. 그리하여 최저임금위원회는 희한한 통계와 그래프로 이를 모면하려 합니다. 자신이 발표한 생계비 기준에도 못 미치는 최저임금을 정당화하기 위해서 온갖 수를 동원합니다. 노동생산성이 낮다는 것입니다. 그 증거는 다음과 같은 식으로 계산됩니다.

$$물적노동생산성=산출량/노동투입량(근로자수 \times 근로시간)$$
$$부가가치기준\ 노동생산성=부가가치/종업원수 \times 100$$

어렵고 복잡해 보입니다. 하지만 정신을 똑바로 차리면 아무것도 아닙니다. 노동생산성은 한 근로자가 얼마나 많은 상품을 생산하는가를 나타내는 지표입니다. 노동력 상품의 품질이라 할 수 있습니다. 노동력 상품의 가치를 생산량과 부가가치를 기준으로 측정하는 것이지요. 재미있는 것은 분모가 커질수록 노동생산성은 낮아집니다. 노동자 수가 많아지거나 근로시간이 길어지면 노동생산성이 매우 낮아집니다.

노동시간과 관련된 통계에 대해 말하자면, 계산하는 방식에 따라 결과도 조금씩 다르고, 심지어 국가통계포털사이트인 E-나라 지표에서의 결과들도 조금씩 차이가 납니다. 여기서는 OECD에 공식 보고된 것을 기준으로 살펴보겠습니다.

2016년 기준 한국 임금근로자의 연간 노동시간은 2,069시간입니다. 임금을 받지 않고 일하는 사람도 있습니다. 사장님들이 받는 돈은 임금이 아니죠. 대표적인 비임금근로자인 자영업자와 무급 가족 종사자의 노동시간까지 합치면 2,241시간 정도 됩니다. 무급 가족 종사자는 쉽게 생각하면 가족의 가게에서 무급으로 일하는 사람들을 가리킵니다. OECD국가 중에서 가장 오래 일하는 나라는 멕시코로 2,255시간인 반면, 가장 적은 시간 일하는 나라는 독일로 1,363시간을 일합니다. 참고로 OECD국가 평균 노동시간은 1,763시간입니다. 대한민국이 꼴찌를 면했다고 좋아할 일은 아닙니다. OECD국가 중 대한민국에서 태어난다면 평균보다 약 39일을(하루 8시간 기준) 더 일합니다. 신기한 일이지요. 우리보다 잘사는 나라들은 우리보다 약 40일 정도 더 놀면서도 풍요롭게 지냅니다. 이걸 보고 누군가는 한국의 노동생산성이 낮기 때문이라고 지적할 것이고, 누군가는 너무 오래 일하니깐 효율적으로 일을 할 수 없다고 답할 것입니다. 판단은 독자들의 몫입니다.

경총은 최저임금이 지켜지지 않는다면서 최저임금 인상에 반대합니다. 이 역시 희한한 논리입니다. 법을 지키지 않는 현실이 그 법을 폐기해야 하는 이유가 되는 겁니다.

다음 쪽에 나온 최저임금위원회 분석 결과에 따르면, 2016년 기준으로 최저임금에 못 미치는 임금을 받고 일하는 노동자는 266만4천 명에 이릅니다. 전체 근로자의 13.6%입니다. 2016년에만 특별히 높은 것은 아닙니다. 2006년 이후 10년 동안 10% 정도는 최저임금도 받지 못하고 일하고 있습니다. 이 정도면 불법을 방치하고 있다고 볼 수 있습니다.

통계청의 "경제활동인구부가조사"의 최저임금 미만 근로자 분포에 따르면, 최저임금 미만을 받는 노동자들은 대부분 여성으로

최저임금 미만 근로자 분포(경제활동인구 부가조사 기준)

		근로자 수(A)	구성 비율	미만자 수(B)	구성 비율	발생 비율(B/A) (미만율)
전 체		19,627	100	2,664	100	13.6
규모	1-4인	3,531	18	1,187	**44.6**	33.6
	5-9인	3,510	17.9	628	**23.6**	17.9
	10-29인	4,425	22.5	510	19.2	11.5
	30-99인	3,763	19.2	226	8.5	6
	100-299인	1,961	10	78	2.9	4
	300인 이상	2,435	12.4	35	1.3	1.4
종사상 지위	상용	12,966	66.1	428	16.1	3.3
	임시	5,196	26.5	1,667	62.6	32.1
	일용	1,464	7.5	569	21.4	38.8
성	남성	11,008	56.1	993	37.3	9
	여성	8,619	43.9	1,671	**62.7**	19.4
연령	19세 이하	257	1.3	136	5.1	53
	20-24세	1,377	7	344	12.9	25
	25-29세	2,155	11	150	5.6	6.9
	30-39세	4,720	24.1	240	9	5.1
	40-49세	4,900	25	362	13.6	7.4
	50-54세	2,247	11.4	251	9.4	11.2
	55-59세	1,815	9.2	277	10.4	15.2
	60세 이상	2,154	11	903	33.9	41.9
학력	고졸 이하	10,020	51.1	2,255	**84.6**	22.5
	초 대 졸	2,814	14.3	168	0.3	6
	대졸 이상	6,793	34.6	242	9.1	3.6
산업	A. 농림어업	129	0.7	60	2.2	46.2
	B. 광업	18	0.1	0	0	0
	C. 제조업	3,913	19.9	233	8.8	6
	D. 전기가스업	87	0.4	1	0	1.3
	E. 폐기물환경	90	0.5	3	0.1	3.1
	F. 건설업	1,462	7.5	119	4.5	8.2
	G. 도소매업	2,228	11.4	419	15.7	18.8
	H. 운수업	768	3.9	90	3.4	11.7
	I. 숙박음식업	1,481	7.5	526	19.8	35.5
	J. 정보서비스	714	3.6	11	0.4	1.5
	K. 금융보험업	770	3.9	33	1.2	4.2
	L. 부동산임대	389	2	88	3.3	22.7
	M.기술서비스	954	4.9	29	1.1	3
	N. 사업지원	1,221	6.2	264	9.9	21.7
	O. 공공행정	1,014	5.2	128	4.8	12.6
	P. 교육서비스	1,480	7.5	104	3.9	7
	Q. 보건복지	1,809	9.2	275	10.3	15.2
	R. 예술여가	264	1.3	58	2.2	21.9
	S. 기타서비스	767	3.9	190	7.1	24.7
	T. 가구내활동	54	0.3	33	1.3	62.2
	U. 국제외국	17	0.1	0	0	0

출처: 최저임금위원회, 『최저임금 심의를 위한 주요 노동·경제 지표 분석』, 2017년 6월

62.7%에 이릅니다. 또한 68.2%는 10인 미만 사업장에 고용되어 있습니다. 학력에 따른 통계는 훨씬 충격적입니다. 최저임금 미만을 받는 노동자 중 84.6%가 고졸 이하의 학력입니다. 종합해 보면, 10인 미만의 영세 사업장에서 일하는 고졸 이하의 여성이 최저임금보다 낮은 임금을 받을 가능성이 가장 높습니다.

물론 우리가 여기서 주목해야 할 것은 영세자영업자들이 자신이 고용한 사람들에게 최저임금을 주지 못할 정도로 사정이 어렵다는 사실입니다. 영세자영업자와 중소기업을 착취해 막대한 이윤을 가져가는 대기업 사장들의 단체인 경총이 영세자영업자들을 걱정하는 것은 아이러니입니다.

갑과 을의 경제학, 을을 죽이는 '을사조약'

아르바이트노동자들을 만나 최저임금, 주휴수당, 연장근로수당 등에 대해 이야기를 꺼내면, 많은 알바가 사장님 걱정을 합니다. 사장님이 딱히 돈을 많이 버는 것 같지도 않고 자신들처럼 밤늦게까지 일하는 경우가 너무 많기 때문입니다. 실제로 집 근처 편의점을 가 보면, 알바를 쓸 수 없어 밤새 편의점을 지키는 점주들을 자주 만날 수 있습니다. 손님이 없는 새벽에도 점주가 일하는 경우가 많습니다.

그런데 과연 경총이 이야기하는 것처럼 영세자영업자들이 경제적 어려움을 겪는 이유가 최저임금 때문일까요?

2013년, 편의점 점주가 잇따라 죽습니다. 대부분 세븐일레븐이나 CU와 같은 대기업 프랜차이즈와 계약을 맺은 점주였습니다. 부산에서 CU를 운영하던 40대 점장은 광안대교에서 몸을 던졌고, 35세에 세븐일레븐을 운영하던 점주는 과로사로 사망합니다. 편의점 점주들에게 도대체 무슨 일이 일어났던 걸까요?

경기도 용인시에서 CU를 운영하던 A라는 점주는 폐점과 관련해서 본사 직원과 실랑이를 벌이다가 수면제 40알을 먹고 자살합니다. CU는 자신의 책임을 회피하기 위해 사망진단서를 위조하여 지병으로 죽은 것처럼 보도 자료를 만들어 배포합니다. 유족이 확인하는 과정도 없었습니다. 프랜차이즈 가맹점을 창업하게 되면 본사와의 계약 내용을 기준으로 영업해야 하는데, 편의점주 A 씨는 폐점 시 본사에 물어야 하는 위약금과 24시간 영업 강요 때문에 심한 스트레스를 받았습니다.

대기업에서는 편의점 창업을 유도하기 위해, 자리가 좋아 월 수백만원 수익은 걱정 없다는 달콤한 말을 속삭입니다. 그런데 만약 장사가 안 된다면 어떻게 될까요? 본사가 책임지는 것도 아니고, 그렇다고 장사를 접을 수도 없습니다. 중도 해지 위약금 때문입니다. 한편 가맹점주는 본사에 로열티 명목으로 이윤의 35%를 납부해야 합니다. 이때 35%는 매출액에서 물품 원가를 뺀 금액을 기준으로 합니다. 남은 이익 65%에서 임대료, 전기료, 폐기 물품 비용, 인건비 등을 제하고 남은 돈이 가맹점주 수입이 됩니다.

월 매출 3천만원의 편의점이 있다고 합시다. 이익률을 30% 정도로 넉넉하게 잡는다고 치면, 월 900만원이 수익입니다. 여기서 본사에 35%인 285만원의 로열티를 납부합니다. 625만원이 남습니다. 임대료는 200만원이라 합시다. 이제 415만원이 남습니다. 여기서 아르바이트노동자 급여와 전기료 등의 공과금을 제하면, 250만원가량이 점주의 수입입니다. 창업을 위해 대출을 받았다면 여기서 이자를 제해야 합니다.

이런 상황에서 가게를 닫는다고 한다면 위약금을 물어야 합니다. 액수는 그동안 본사에 납부하던 로열티 10개월 치입니다. 위의 경우라면 2,850만원입니다. 최초의 인테리어 비용과 창업 지원비도 돌려줘야 합니다. 수지가 맞지 않아도 문을 닫을 수 없는 것은 이런 이유입니다. 가장 많은 돈을 버는 '슈퍼갑'은 프랜차이즈 본사이고, 건물주는 고정적으로 임대료를 챙깁니다. 본사와 건물주에게 뜯기는 가맹점주가 '을'이라면, 알바노동자는 '병'쯤 될 것입니다.

실제로 2013년 1월 15일, 거제도에서 편의점을 운영하던 31세의 편의점주는 월 2,100만원의 매출을 올렸지만, 자신에게 남는 돈이 없어 극단적인 선택을 합니다. 2013년 3월 15일 『경향신문』에 「어느 청년 편의점주의 죽음」이라는 기사가 실렸습니다. 1970년 청계천 평화시장 입구에서 법전을 들고 자신의 몸에 불을 붙여 「근로기준법」 화형식을 거행한 전태일의 일대기를 기록한 책 『어느 청년노동자의 삶과 죽음』을 떠올리게 하는 제목입니다. 그 기사에 따르면, 본사는 창업 당시에 초기 3개월은 월 300만원, 이후에는 월 600만원의 수익을 편의점주에게 약속했습니다. 그 직원은 점주 어머니에게 '사모님이 안 하시면 자신이 하겠다'며 너스레를 떨기도 했습니다. 집을 담보로 3,000만원을 빌려 창업했고, 계약 해지시 5,000만원의 위약금을 물기로 계약하고 여동생이 보증을 섰습니다. 본사의 이야기와는 달리 창업 이후 장사가 되지 않았고, 벼랑 끝에 몰린 점주는 죽음을 선택합니다.

35세 나이에 세븐일레븐 점장이 된 한 청년은 본사의 24시간 영업 방침 때문에 가게 안에서 간이침대를 놓고 생활하다 과로사합니다. 본사의 말과는 달리 장사가 잘 되지는 않았지만, '24시간 영업'이라는 계약 때문에 잠시라도 문을 닫고 있을 수가 없었습니다.

대기업과 가맹점의 불공평한 계약 구조로 인해 본사인 대기업은 가맹점만 늘리면 수익이 보장됩니다. 참 기형적인 시스템입니다. 본사 입장에서는 가맹점주 수입이 어찌 되든 상관이 없는 겁니다. 가맹점에서 이익이 나면 로열티를 받고, 점주가 장사 못하겠다고 하면 위약금을 받으면 그만입니다. 그래서 한 블록 건너 같은 프랜차이즈 소속 편의점과 빵집이 생겨나는 겁니다. 편의점의 경우 250미터라는 거리 제한이 있지만 오직 같은 브랜드의 점포만 규제될 뿐, 다른 브랜드가 들어서는 것은 막을 수 없습니다.

여기에 더해 '일매출 송금제'는 편의점주들을 사채로 내몹니다. 편의점주들은 그날 매출액을 바로 본사로 보내야 합니다. 그렇게 하지 않으면 미수금에 이자가 붙습니다. 그야말로 현금이 말라 버리는 겁니다. 그래서 알바 월급이나 당장 필요한 현금을 마련하기 위해 대출을 받습니다.

본사는 엄청난 수익을 올렸습니다. 사단법인 한국편의점산업협회의 「편의점 업계 주요지표」에 따르면 2016년 편의점의 총매출은 20조3241억원으로 전년도보다 약 3조원이 증가했습니다. 매장 수도 32,611개에 이릅니다. 갑과 을이 맺은 계약에 따르면 갑은 항상 수익을 올릴 수밖에 없습니다.

벼랑 끝으로 밀어내기

'을'이 되어 당하는 것은 편의점만이 아닙니다. '밀어내기'라는 이름을 전 국민에게 알리고 또 전 국민의 분노를 샀던 남양유업 사태에서도 갑과 을의 관계가 분명하게 드러났습니다.

'밀어내기'란 본사가 정하는 만큼 대리점이 제품을 구입해야 하는 것을 말합니다. 대리점이 그 물량을 팔지 못하면 어떻게 될까요? 피해는 고스란히 대리점이 부담해야 합니다. 특히 CJ나 남양유업과 같은 업체가 취급하는 물품은 두부, 계란, 콩나물, 우유 및 유제품 등으로 유통기한이 매우 짧은 식품입니다. 그러다 보니 폐기되는 양이 엄청납니다.

2013년 6월 18일에 발행된 참여연대 이슈리포트 「CJ제일제당의 대리점 불공정 실태조사 보고서」에 따르면 4개 대리점이 2012년에 폐기한 상품의 평균 가격이 1억4000만원이 넘는다고 합니다. 이 보고서에 따르면, CJ는 대리점 사업부 영업 사원의 연봉 가운데 13%는 대리점이 판매 목표를 달성하면 지급합니다. 이렇다 보니 영업 사원은 대리점주를 압박할 수밖에 없게 되는 겁니다. 본사 입장에서는 영업 사원이 목표를 달성하면 매출이 늘기 때문에 나머지 연봉을 줘도 이익이고 매출을 못 올리면 연봉의 13%를 안 주니깐 이익입니다. 영업 사원은 나머지 연봉을 얻기 위해 더 열심히 일하니깐 본사는 손해 볼 게 없습니다.

심지어 대리점에 판매한 물건 값을 본사가 책임질 필요가 없기 때문에 땅 짚고 헤엄치듯이 쉽게 돈을 벌 수 있습니다. 만약 장사가 잘

되는 곳, 예를 들면 대형 마트나 대형 수퍼마켓에 납품하는 대리점을 발견하면, 그 영업권을 본사가 가져가서 직접 납품하여 수익을 올립니다.

대형 마트나 백화점에 입점한 영업점도 '을'이기는 마찬가지입니다. 롯데가 대표적입니다. 세븐일레븐 편의점주가 두 번째 사망한 사건이 일어났을 때, '롯데그룹 피해자모임'이 연 기자회견에서 발표한 글을 보면 사태가 심각합니다.

롯데백화점 한 입점 업체의 직원은 과도한 매출 압박으로 자살을 선택했습니다. 또 어떤 입점 업체는 지속적으로 괴롭힘을 당했습니다. 커튼, 롤스크린 등을 취급하는 '미페'라는 업체의 이야기는 이렇습니다. 롯데마트가 판촉 사원의 채용을 직접 담당하여 공고, 면접, 업무 지시 등을 내리면서도 인건비는 그 업체에게 떠넘겼습니다. 일은 롯데가 시키고 책임은 입점 업체가 지는 구조인 것입니다. 또 명절 때면 상품권도 구입해야 합니다. 롯데마트 영업점당 약 100~200만원의 상품권을 구매해야 했습니다. 롯데마트는 중국에서 직매입한 대나무발이 불량품이자 미페에게 구입을 강요합니다. 또 신상품 출시 명목으로 별도의 금전을 요구하기도 했습니다. 신상품을 출시할 때 드는 마케팅 비용을 달라는 것이었겠지만, 신상품이 출시되지 않았을 때에도 가짜로 신상품이 출시된 것처럼 속여 부당한 이득을 챙깁니다. 이후 갑질 문제가 사회문제가 되면서 일부 개선이 이루어지기도 했지만, 공정한 시장경제는 요원해 보입니다.

물론, 잊지 말아야 할 사실도 있습니다. 고용노동부의 "16년 상반기 기초고용질서 일제점검" 결과는 가히 충격적입니다. 알바노동자가 주로 일하는 PC방, 카페, 주점, 노래방, 당구장 등 4,589개소 업체를 대상으로 이루어진 점검에서 63.6%에 해당하는 2,920개소가 「근로기준법」을 위반한 것으로 드러났습니다. 최저임금 미만의 임금 지급, 주휴수당 미지급, 임금 체불 등을 당한 알바노동자는 3,400명에 이르고 체불액을 합하면 15억9천만원이라고 합니다. 근로계약서를 안 쓴 사업장도 2,217개소에 이릅니다. 심각한 경쟁에서 사장님들은 알바노동자에 대한 착취라는 가장 손쉽고 간단한 방법을 통해 자신의 경쟁력을 확보하고 있는 셈입니다.

대형 프랜차이즈 업체들이 가맹점들의 이윤을 빼앗아 가고 점주들은 알바노동자들을 불법적으로 착취하는 악순환의 고리가 형성된 것입니다. 대형 프랜차이즈 업체들이 많은 이윤을 가져가는 조건으로 가맹점들의 불법을 묵인하고 알바노동자들에 대한 책임을 점주들에게 떠넘기는 꼴입니다. 이것이 바로 대기업의 횡포에 맞서 알바노동자와 영세자영업자가 서로 만나야 하는 이유입니다.

실제로 2015년 6월 맘편히장사하고픈상인모임('맘상모')과 알바노조의 주최로 노동자와 영세 임차 상인이 함께 연대하여 '최저임금 1만원' 시대를 열자는 기자회견을 열었습니다. 기자회견에 참석한 임차상인들의 목소리를 들어 보겠습니다.

최저임금이 올라가는 것이 싫은 것이 아니다. 영세자영업자를 괴롭히는 권리금, 프랜차이즈 회사의 횡포, 엄청난 카드 수수료 같은 것들이 문제다. 이렇게 나가는 돈이 없다면, 시급을 1만원으로 올리는 것은 어려운 일이 아니고, 함께 일하는 직원들에게 임금으로 챙겨 주고 싶다.

2016년 7월에는 전국의 유통 상인 1,000여명이 가입한 전국유통상인연합회가 「최저임금 만원은 죄가 없다」는 성명을 발표합니다.

재벌이 중소상인 자영업자 걱정 때문에 최저임금을 동결해야 한단다.

벌 받아요. 그런 말 하면 큰 벌 받아요. 고양이가 쥐 생각하는 꼴이지요.

개돼지 같은 민중이라 먹고 살게만 해 주면 되나요.

혁명하라고 부추기는 재벌 왕국입니다.

하면 되지요. 최저임금 일만원. 못할 이유 무엇입니까.

면면히 따져 보면 재벌이 문제지, 개돼지가 무슨 잘못입니까.

최저임금 일만원 되면 노동자도 상인들도 함께 살맛 나지 않을까요.

저임금 비정규직 주머니가 비었는데 어떻게 소비가 늘어나겠습니까.

임금님 임금님 최저임금님 오르소서 오르소서.

금방이라도 만원 되셔서 온 세상에 나오소서.

만원으로 인상되면 무엇 할지 사람들에게 물어보니,

원 없이 가족들과 외식하고 싶다 하더이다.

당장 하자 바로 지금. 최저임금 일만원.

장사꾼도 찬성한다. 최저임금 일만원.

가장 아름다운 임금. 최저임금 일만원.

능력껏 일하면 누구나 행복할 수 있는 세상.

하면 된다 하면 된다. 최저임금 일만원.

다 같이 행복해야 살맛 나는 세상이지.

이 글에서 '세로 드립'을 발견했다면 센스가 있는 독자입니다.

'재벌 개혁하면 최저임금 만원 당장 가능하다.'

IMF 구제금융이 만들어 낸 영세자영업

흔히들 한국에는 치킨집과 피자집이 너무 많다고 합니다. 사장님도 너무 많죠. 박 사장, 김 사장, 이 사장⋯⋯.

한국에서 치킨집 사장님들이 늘어난 것은 IMF 구제금융 사태 전후입니다. IMF는 한국에 돈을 빌려주면서 시장을 개방하고 기업에게 구조조정을 하라고 합니다. 김대중 정부는 이를 수용합니다. 이로 인해 명예퇴직, 희망퇴직, 정리해고 등의 이름으로 직장을 잃은 노동자가 늘어납니다. 언제 회사를 떠날지 모른다는 불안함 때문에, 인기 없던 공무원과 학교 선생님이 최고의 직장이 되기 시작합니다. 이때 쫓겨난 노동자들이 퇴직금을 가지고 너도나도 장사를 시작합니다.

통계청의 경제활동인구조사에 따르면, 2017년 대한민국의 비임금 근로자 비율은 25.4%로 그리스(34.1%)에 이어 세계 2위입니다. 비임금 근로자는 자영업자와 무급 가족 종사자로 나뉩니다. 한국에서는 무급 가족 종사자 비율이 2017년 기준 4.2%로 다른 나라보다 훨씬 높습니다. 한국 특유의 가족주의적 문화가 한몫하는 것 같습니다. 여기서 고용원을 가진 자영업자, 즉 노동자를 채용해서 임금을 줘야 하는 자영업자의 비율은 전체 취업자 중 6%에 불과합니다. 나머지는 혼자서 일하거나 무급 가족 종사자의 도움을 받는 영세자영업자입니다.

신기한 것은 2008년 이후 고용원이 있는 자영업자의 비율은 6%대로 일정하게 유지되고 있는 데 반해, 고용원이 없는 자영업자는

18.8%에서 15.3%로 변동 폭이 훨씬 큽니다. 최저임금의 인상과 영세 자영업자와의 관계가 그리 크지 않다는 것이다. 구체적인 숫자로 살펴보겠습니다. 전체 취업자 규모는 2,500만 명 정도인데, 이들 중 자영업자의 규모는 약 500만에서 600만 명 사이를 왔다 갔다 하고 있으며 이 중 150만 명 정도가 고용원이 있는 자영업자입니다. 조금 단순하게 이야기하면, 네 명의 월급으로 자영업자 한 명을 먹여 살리는 구조입니다. 경쟁이 워낙 심각하다 보니 사정이 너무 어렵습니다.

2013년 9월 10일 국회인권포럼이 개최한 '학생들의 아르바이트 실태'라는 세미나에서 전국편의점가맹사업단체협의회는 월 소득이 100만원에 불과한 영업자가 약 60만 명에 이른다고 발표했습니다. 자영업자의 40%가 3년이 못 가서 폐업하고, 평균 영업 기간도 4~5년이라고 합니다. 대형 마트 3사의 매출액은 32조7천억으로 연간 8% 성장하고 있다고 합니다.

현재의 기형적인 자영업 시장은 조정될 필요가 있습니다. 자영업자를 양산하게 된 원인이었던 고용시장의 불안정성을 바꾸는 것에서부터 시작해야 합니다. "긴급한 경영상의 이유"라는 애매모호한 정리해고 기준을 좀 더 강화할 필요가 있습니다. 또, 고용시장의 불안정성이란 단순히 다니고 있던 직장의 불안정성만을 뜻하지 않습니다. 해고되었을 때 대책이 없다는 것도 심각한 문제입니다. 일자리가 없어 당장 먹고사는 것이 걱정인데, 생계비에 못 미치는 시급을 주는 일자리만 있습니다. 그러니 창업하게 되는 겁니다. 해고 상태에서도 생계가 가능한 소득이 보장된다면 더 충분히 생각하고 준비할 수 있을 것입니다. 최저임금이 생계를 보장할 수준이라면, 굳이 창업을 선택하지 않고 임금노동자로 살아갈 수도 있습니다. 최저임금이 1만원 정도가 된다면 영세자영업자들의 매출도 오르게 될 것입니다. 장사가 안 되는 영세자영업자는 장사를 접고 임금노동의 길을 선택할 수도 있을 겁니다. '최저임금 1만원'은 결코 영세자영업자의 입장과 충돌되는 이야기가 아닙니다. 아니 오히려 현재의 왜곡된 노동시장을 바꿀 수 있는 하나의 열쇠일 수 있습니다.

24시간 영업과 '최저임금 1만원'

24시간 영업하는 패스트푸드점과 카페가 많습니다. 서울의 경우, 심야나 새벽에 운행하는 버스가 생겨서 야간에 일하는 사람들의 이동을 담당하고 있습니다. 강북에서 강남으로 청소하러 가는 노동자들이 이런 버스를 많이 이용한다고 합니다. 그야말로 24시간 일하는 체제입니다.

임금이 너무 낮으니 오랜 시간 일하지 않으면 생계비를 마련할 수가 없습니다. 장사하는 입장에서도 고객의 지갑이 닫히니깐 24시간 매장을 돌리지 않으면 매출을 올릴 수가 없습니다. 자영업자 입장에서 가장 만만한 것은 임금을 낮추는 것입니다. 편의점 사장님도 노동자도 밤낮없이 일하지만 매출도 임금도 낮은 기형적인 체제입니다.

'최저임금 1만원'은 이러한 장시간 노동체제를 바꿀 수 있는 실마리를 제공합니다.

시급으로 1만원을 받으면 지금보다 적은 시간 일하고도 생계비를 마련할 수 있습니다. 사장님 입장에서도 길게 일을 시키기가 부담스러워집니다. 만약 하루 8시간 이상 일을 시키거나 야간에 일을 시키게 되면 최저임금 1만원을 기준으로 추가로 수당을 지급해야 하기 때문에 매장을 장시간 돌리기가 힘듭니다. 앞서 이야기한 '24시간 영업' 강제 조항까지 사라진다면, 야간에 영업했을 때의 매출이 엄청나지 않은 이상, 야간 영업과 야간 노동을 할 필요가 없어집니다.

이렇게 되면 다른 사회를 꿈꾸어 볼 수 있습니다. 일찍 퇴근하고 가게 문도 일찍 닫습니다. 밤에 맥주를 마시고 싶으면 퇴근길에 구입해서 가족들이나 이웃들과 함께 나눕니다. 사회 전체가 여유로워집니다.

전제는 있습니다. 퇴근하고 머물고 싶은 집이 있어야 합니다. 집에서 요리를 해 먹거나 친구를 초대해서 맥주 한잔 기울일 수 있는 환경이 되어야 합니다.

물론, 이런 이야기가 그저 희망일 수도 있습니다. 더 많은 돈을 벌려고 더 일하기를 바랄 수도 있으니까요. 주 5일제가 도입될 때를 되돌아보겠습니다. 재벌들은 주 5일 근무를 도입하게 되면 노동생산성이 매우 낮아질 것이라 우려했습니다. 그러면서 기본급을 깎고 연장근로수당과 성과급의 비율을 높입니다. 주 40시간 넘게 일해야 생활에 필요한 임금을 받을 수 있는 시스템을 만들어 버린 것입니다. 그래서 수천만원의 연봉을 받는 대기업의 노동자들도 최저임금의 영향을 받는 것입니다. 『조선일보』는 시급 1,060원 인상이 결정되자, 2017년 7월 21일 「연봉 4,000만원 넘는 대기업도 최저임금 대상된다」라며 한탄하는 기사를 내보냅니다. 이 기사에 따르면, 연봉이 4,000만원에 이르는 대기업 생산직 노동자의 시급도 6,542원으로 최저임금이랑 비슷하답니다. 나머지 돈은 근속수당, 직무수당 등 각종 수당과 기본급의 800%에 이르는 상여금, 휴가비, 성과급 등을 모두 합친 금액으로 보충됩니다. 최저임금의 인상이 대기업 노동자에게 이익이 되는 것에 배 아파 할 것이 아니라 최저임금 인상을 계기로 임금체계를 기본급 중심으로 개편하자고 해야 할 것입니다.

한편, 사회적인 변화 역시 필요합니다. '최저임금 1만원'만 가지고는 노동시간 단축은 불가능합니다. 조금이라도 더 많은 돈을 벌려는 것은 미래에 대한 불안 때문입니다. 이 문제가 해결되지 않는다면 사람들은 더 많은 시간 일할 수도 있습니다. 하지만 교육, 의료 등 사회안전망이 충분하고 부동산 가격이 낮다면, 적은 돈을 벌더라도 일하는 시간을 줄이려는 생각이 들 것입니다. 삶의 질을 향상시키는 데 더 큰 관심이 생길 수 있다는 겁니다.

다른 나라의 최저임금은?

최저임금을 국제적으로 비교하려는 시도는 많았습니다. 그러나 늘 객관성을 의심받습니다. 그래서 액수를 비교하지 않고 최저임금이 그 나라 임금과 비교해서 어느 정도의 수준인지를 밝혀 보고자 합니다.

먼저, 정부에서 발표한 'OECD 주요국의 중위임금 대비 최저임금 비율'을 보겠습니다. 국가통계 포털사이트 E-나라에서 볼 수 있는 자료입니다. 중위임금이란 임금의 등수를 1등부터 100등까지 매겼을 때 50등의 임금을 말합니다. 이 비율만 보면 우리나라는 2016년 기준

50.4%로, 최저임금이 다른 나라에 비해 낮다고 볼 수 없습니다. 그런데 만약 중위임금인 50등의 임금이 너무 낮다면 이야기가 달라집니다. 학생이 100명인 어떤 학급에서 50등의 수학 점수가 10점이라면, 이 중위 값의 48.6%라고 좋아할 일일까요?

그래서 중위임금 대비 최저임금 비율이 아니라 '저임금 근로자 비율'을 살펴볼 필요가 있습니다. 저임금 근로자 비율이란 전일제 근로자 임금 중위 값의 3분의 2 미만을 받는 임금근로자의 비율을 말합니다. 얼마나 많은 사람이 낮은 임금을 받고 있는가를 보여 주는 지표입니다. 2016년 기준 한국의 저임금 근로자 비율은 미국에 이어 2위입니다. 1위와의 차이는 1.4%. 간발의 차입니다. 무려 23.5%, 즉 4명 중 1명은 저임금노동자입니다.

일본은 중위임금 대비 최저임금 비율은 39.1%에 불과하지만 저임금 근로자 비율은 13.5%로 낮습니다. PIGS라는 신조어가 있습니다. 유럽 국가 가운데 최근 심각한 재정 위기와 국가 채무에 시달리고 있는 포르투갈Portugal, 이탈리아Italy, 그리스Greece, 스페인Spain의 앞 글자를 조합해 만든 경멸적인 말입니다. 여기에 속하는 그리스도 저임금 근로자 비율은 15.9%에 불과합니다.

최저임금이 소득 낮은 노동자들의 임금을 보장하기 위한 취지로 만들어진 제도라고 본다면, 한국의 최저임금은 제 기능을 하지 못하고 있다고 볼 수 있습니다. 이는 정부 기관에서도 인정하고 있는 사실입니다.

저임금 근로자의 비중이 높으면 노동시장이 불평등할 뿐만 아니라 근

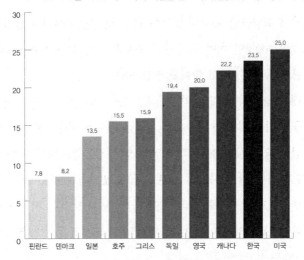

2015년 OECD 주요국의 저임금 근로자 비율(단위: %)

출처: http://www.index.go.kr/potal/stts/idxMain/selectPoSttsIdxSearch.do?idx_cd=4018&stts_cd=401803&freq=Y

로빈곤의 가능성도 높은 상황이라고 이해할 수 있다. 한국은 저임금 근로자의 비율이 매우 높다. 저임금 근로자의 비율은 1992년 22.4%에서 2016년 23.5%로 지난 25년간 큰 변화 없이 유지되고 있다.

(국가통계포털 사이트 E-나라 지표의 〈저임금 근로자 비율 해설〉)

2015년 기준 5인 이상 사업장에서 일하는 노동자의 월평균임금은 350만원입니다. 그런데 2016년 최저임금은 126만원으로 평균임금의 절반에도 못 미칩니다. 평균임금의 절반에 미치려면 175만원 정도는 되어야 하고, 3분의 2 수준이 되려면 230만원 정도가 되어야 합니다. 2018년 최저임금이 월 157만원인데, 이는 3년 전 우리나라 평균임금의 절반에도 미치지 못하는 수준입니다.

'GDP 대비 가계소득 비율'도 살펴볼 필요가 있습니다. 이것은 GDP 중 가계로 돌아간 몫을 의미하는 것으로 노동소득, 정부이전소득, 자본소득을 합한 값입니다. 물론 대부분의 노동자들에게 부동산 임대료나 주식에 대한 배당금이 있을 리 없으므로 자본소득은 무의미합니다. 정부이전소득은 복지제도를 말하는 것인데, 가계소득이 낮으면 임금소득뿐만 아니라 복지 혜택도 받기 힘듭니다.

OECD의 「2016년 구조개혁 중간보고서」에 따르면 한국의 GDP 대비 가계소득 비율은 1995년 69.6%에서 2014년 64.3%로 5%p 이상 떨어졌습니다. 같은 기간 한국의 1인당 GDP는 연평균 3.8%p 증가했으나 1인당 가계소득은 2.1%p 늘어났을 뿐입니다. 한국의 하락 속도는 OECD국가 중 2위입니다. 이보다 더 충격적인 사실이 있습니다. GDP 대비 가계소득 비율이 5.8%p 떨어져 하락 속도가 1위인 오스트리아도 그 비율이 73.6%는 된다는 것입니다. 어쨌든 오스트리아의 가정에서 태어나는 것이 한국에서 태어나는 것보다는 낫습니다.

GDP는 상승하는데 가계소득이 낮아진다는 것은 무엇을 의미할까요? 우리가 열심히 일해도 그 이득을 기업이 가져간다는 것입니다. 또한 가계소득이 경제 규모보다 낮으니 그 차이만큼 소비 여력이 떨어진다는 것입니다. 200만원은 써야 하는 사회에서 소득이 150만원뿐이니 빚을 지거나 빈곤에 시달릴 수밖에 없는 것입니다.

그렇다면 실제 다른 나라의 최저임금은 얼마인지 보겠습니다. 위에서 언급한 오스트리아는 2015년 기준 15.58달러입니다. 이때 필요한 것이 '구매력 평가 지수Purchasing Power Parity(PPP)'라는 개념입니다. 물가와 환율이 동등하다고 가정할 때 구매력을 보여 주는 지표입니다.

오스트리아의 최저임금 15.58달러는 PPP로 11.14달러 정도입니다. 괄호 안에 구매력 평가 지수를 넣어 다른 나라의 최저임금을 적어 보면 다음과 같습니다. 신자유주의의 나라로 불리는 영국은 11.85달러(9.07달러), 2015년 최저임금제도를 도입한 독일은 11.28달러(10.34달러), 캐나다는 9.45달러(8.01달러). 최근 미국은 패스트푸드 노동자들의 투쟁으로 최저임금을 시간당 15달러로 정하겠다는 약속을 얻어냈습니다.

최저임금제도가 없는 덴마크에서는 버거킹 노동자가 시간당 2달러, 우리 돈 2만4천원 정도를 받고 일하며 4주간의 유급휴가와 연금이 주어집니다. 미국인들이 유럽으로 가서 일하자고 댓글을 달 정도로 노동환경이 좋습니다. 덴마크의 저임금 근로자 비율이 8.2%에 불과한 것은 우연이 아닙니다. 최저임금제도는 상대적으로 힘이 약한 노동자가 지나치게 낮은 임금을 받는 것을 예방하기 위해 도입된 제도입니다. 따라서 덴마크와 같이 노동자의 힘이 강한 나라에서는 최저임금제도가 필요 없습니다.

물가를 고려한다 하더라도 다른 나라의 최저임금은 우리가 볼 때 위화감이 들 정도입니다. 이런 수치들은 참고만 하길 바랍니다.

중요한 것은 우리가 받는 최저임금으로 우리나라에서 먹고살 수 있느냐입니다. 앞에서 살펴본 저임금 근로자 비율을 다시 한 번 살펴보겠습니다. 2016년 기준 우리나라의 저임금 근로자 비율은 23.5%입니다. 그런데 이 수치를 남녀로 분리해서 살펴보면 아주 놀라운 결과를 얻게 됩니다. 남성의 저임금 근로자 비율은 15.3%인데 여성의 저임금 근로자 비율은 37.2%에 달합니다. 무려 두 배 차이입니다.

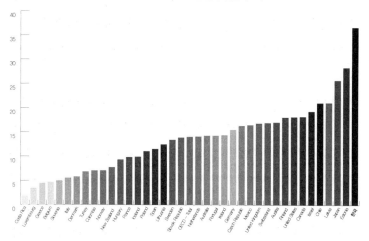

2016년도 국가별 남녀 임금격차(단위: %)

출처: OECD 홈페이지(https://data.oecd.org/earnwage/gender-wage-gap.htm)

OECD 홈페이지에 들어가면 여성 노동자와 관련된 놀라운 통계를 하나 볼 수 있습니다. 바로 젠더 임금격차. 압도적으로 높이 튀어나온 나라가 있는데 바로 한국입니다. 2016년 기준 남녀의 임금격차가 36.7%로 독보적인 세계 1위입니다.

2016년 3월 통계청이 발표한 경제활동인구조사를 살펴보아도 충격적인 결과를 얻을 수 있습니다. 최저임금을 받지 못하고 일하는 노동자 수는 약 264만 명(2,640,476명)인데, 이 중 여성이 약 167만 명(1,679,380명), 남성이 96만 명(961,095명)입니다. 거의 두 배입니다. ('새로운 사회를 여는 연구원' 보고서 http://saesayon.org/2016/06/13/18770/ 참조)

국제노동기구International Labour Organization(ILO)에서 정한 '최저임금 수혜자'라는 개념으로 살펴봐도 결과는 비슷합니다. 최저임금 수혜

자란 최저임금의 90~110% 수준의 임금을 수령하는 사람을 가리킵니다. 한국의 최저임금 수혜자는 약 184만 명(1,846,518명)인데, 여성이 64.04%(1,182,427명), 남성이 35.96%(664,091명)를 차지하고 있습니다.

왜 이렇게 큰 차이가 날까요? 한국 특유의 성차별적 문화와 연관이 있습니다. 진보와 보수를 막론하고 아직도 많은 사람이 남성 가장이 가정의 생계를 책임진다고 생각합니다. 이러한 차별적인 인식은 여성들의 노동을 용돈 벌이나 부차적인 노동으로 격하합니다. 여성뿐만 아니라 나이가 어린 청소년이나 나이가 많은 노인의 노동 역시 하찮게 취급됩니다. '유리 천장'과 '경력 단절' 문제 또한 심각합니다. 임신, 출산, 육아, 가사노동이 여성에게 전가되고 있는 상황에서 대부분의 여성들은 20~30대에 일을 하다가 결혼, 출산과 동시에 퇴사한 뒤 아이가 다 큰 50대 이후에 다시 노동시장으로 나옵니다. 약 20년간의 공백 동안 경력 단절이 일어나고, 이것이 여성들이 저임금 일자리를 강요받는 원인이 됩니다. 심지어 회사에서는 이런 이유로 여성들을 승진시키려고 하지 않거나, 일부 기업에서는 여성 사원 자체를 뽑지 않는 관행까지 있습니다. 특유의 권위적인 문화 속에서, 육아나 가사를 위해 정해진 시간에 퇴근하는 직원들이 겪어야 하는 차별도 존재합니다.

여성 노동자 대부분이 최저임금의 영향을 받고 있는 상황에서 '최저임금 1만원'은 여성 노동자의 임금을 높이는 효과도 가져올 수 있습니다.

최저임금이 오르면 물가가 올라갈까? '최저임금 1만원'의 리플레이션

화폐가치가 떨어져 물가가 오르는 것을 '인플레이션'이라고 합니다. 인플레이션이 항상 나쁜 것은 아닙니다. 경제가 성장하는 과정에서 인플레이션이 발생하는 것은 어찌 보면 자연스러운 일입니다.

인플레이션이 발생하는 이유는 여러 가지입니다.

먼저, 공급에 비해 수요가 늘어나서 가격이 오를 수 있습니다. 노동자들이 임금도 충분히 받고 경제가 잘 돌아가서 물건을 많이 소비하는 경우입니다. 주로 경제가 호황일 때 벌어지는 일입니다. 사장님들 입장에서는 상품을 더 많이 생산해야 하니 일자리도 늘리고 투자도 많이 해야 합니다. 같은 원리이지만 좋지 않은 원인으로 인플레이션이 생기기도 합니다. 예를 들면, 장마가 길어져 농산물 수확에 차질이 생겨 가격이 오르는 겁니다. 이렇게 되면 농산물을 원료로 하는 다른 상품들의 가격도 상승됩니다. 사료 값이 오르면, 소 값이 오르고, 우리가 먹는 쇠고기 값도 오릅니다. 한국과 같은 나라에서는 공산품 공급이 달려서 인플레이션이 생기는 일은 없을 것입니다. 오히려 판매가 안 돼서 문제인 경우가 많습니다.

두 번째로 원자재 값이 오르면 인플레이션이 일어납니다. 한국처럼 원자재 대부분을 외국에서 수입하는 나라의 경우에는 물가 상승의 원인이 대부분 여기에 있습니다. 그런데 원자재 가격 상승은 투기적 거래나 정치적 상황으로 인해 발생하는 경우가 많습니다. 중동전쟁으로 인한 유가 상승이나, 금융 상품과 결합된 특정 농산물에 대한 투기적 거래가 대표적입니다.

세 번째로 화폐 인플레이션이 있습니다. 상품의 수요나 공급에 문제가 있는 것이 아니라 화폐가치가 떨어지는 경우입니다. 주로 사회적 격변기에 벌어지는 일입니다. 제1차 세계대전에서 패한 독일이 배상금 때문에 엄청난 액수의 화폐를 찍어 냈던 것이 대표적인 예입니다.

최저임금이 1만원으로 올라 물가가 상승한다면, 상품과 서비스에 대한 수요 확대로 경제적으로 좋은 인플레이션이 벌어질 것입니다. 한편, 정치적 이유로 물가가 상승할 수도 있습니다. 사장님들이 임금 상승의 부담을 그대로 상품 가격에 반영하는 것입니다. 임금 상승으로 인해 기업이 가져가는 이윤, 배당금, CEO 연봉이 줄지 않도록 소비자에게 부담을 떠넘기는 겁니다. 이를 '갈등적 인플레이션'이라 합니다. 하지만 독점 시장이 아니라 경쟁 시장이라면 가격경쟁력을 고려할 수밖에 없어 함부로 올릴 수 없습니다.

요약하자면, 임금 상승으로 기업 이윤이 줄 수는 있어도 반드시 물가 상승으로 이어지는 것은 아닙니다.

어찌 보면 현재 물가가 높은 것도 바로 저임금 때문입니다. 임금이 너무 낮아서 그와 비교한 상품과 서비스의 상대적 가격이 너무 높은 것입니다. 임금 상승이 물가 상승의 원인이 아니라, 상대적으로 너무 높은 물가를 현실적으로 낮추는 방법이 될 수도 있는 겁니다.

결론적으로, '최저임금 1만원'은 상품 가격을 상승시키는 것이 아니라 상품과 서비스의 판매를 통해 얻는 부가가치에서 노동자가 가져가는 몫을 높이자는 것입니다. 이것을 '최저임금 1만원을 통한 리플레이션'이라 부르고자 합니다. 리플레이션이란 지나치게 내린 물가를 끌어올리기 위하여 인플레이션이 안 될 정도에서 통화량을 늘리는 일을 말합니다.

경기를 활성화시키기 위해 금리를 인하하거나 재정지출을 늘렸다가 통화량이 너무 늘어나 물가 상승으로 이어지면 경제는 또 다른 충격을 맞습니다. 거품이 형성되는 겁니다. 거품경제가 형성되지 않는 수준에서 불황에서 벗어날 정도의 인플레이션이 리플레이션입니다. 금리나 재정을 이용한 정책만으로 리플레이션을 이루는 것이 불가능에 가깝다는 것은 미연방준비제도이사회가 양적 완화 정책을 펼 때마다 걱정하는 것에서 잘 알 수 있습니다.

'최저임금 1만원'은 새로운 통화를 창출하는 것이 아니라 기존의 기업소득을 분배하는 방향으로 이루어집니다. 이 책에서 주장하는 것처럼 대기업 이윤을 환원하는 방향으로 '최저임금 1만원'이 도입된다면 리플레이션 효과가 나타날 것입니다.

마지막으로 최저임금이 오르면 사람이 직접 일을 하는 것이 곧 상품인 산업, 즉 서비스업의 물가는 높아질 가능성이 높습니다. 이 것을 좀 다르게 생각해 볼 수도 있습니다. 우리는 그동안 종업원들의 미소, 배달 노동자의 땀, 미용사의 손을 너무 싼값에 구입했던 건 아닐까요?

인간의 노동에 정당한 대가를 지불하는 것이 인플레이션이라면 함께 감당할 가치가 있을 것 같습니다.

고용은 줄어들 것인가?

경제학 교과서를 펴면, 임금이 오르면 고용이 줄어든다고 나와 있습니다. 노동에 대한 공급곡선과 노동에 대한 수요곡선이 만나는 지점이 시장에서 정해지는 임금의 균형가격입니다. 그런데 다음 쪽 그래프와 같이 최저임금이 이보다 높을 경우 실업이 발생한다고 합니다. 최저임금이 균형가격보다 높으면, 공급, 그러니깐 일하고 싶은 노동자들은 많아지고 반대로 사장님들의 노동자들에 대한 수요는 줄어들기 때문에 그 차이만큼 실업이 발생한다는 겁니다.

그런데 이러한 설명에는 두 가지 전제가 붙습니다. 최저임금이 시장의 균형가격보다 높다는 전제와 노동시장이 경쟁적이라는 전제입니다. 균형가격이라는 말은 수요곡선과 공급곡선이 만나는 지점의 가격을 말하는 것입니다. 그런데 노동력을 사고파는 과정이 경쟁적이라는 말은 도대체 무엇일까요? 마치 물리학 이론을 전개할 때 중력 등의 변수들을 제거하고 이야기하듯이 시장에 아무런 변수가 없이 수요와 공급이 형성된다는 것입니다. 이 이야기를 설명해 보겠습니다.

노동시장이 경쟁적이려면, 먼저 노동시장에 참가하는 사람들이 모두 동일한 정보와 지식을 가지고 있어야 합니다. 가령 A라는 구직자의 경우 컴퓨터를 잘 사용해서 일자리 정보를 더 많이 알 수 있는데 반해 B의 경우 법정 최저임금이 얼마인지도 모르고 컴퓨터도 이용할 수 없다면 경쟁 시장이 아닙니다. 또 노동시장의 공급자와 수요자가 다수 존재해야 합니다. 누군가 자동차 생산을 독점하고 있다면, 가격을 마음대로 정할 수 있을 것입니다. 노동시장에서 공급자나 수요자 중에 독점적인 지위를 가진 사람이 있다면 임금 역시 독점적 힘에 영향을 받겠지요. 또 상품의 품질 역시 비슷해야 합니다. 예를 들어 10분에 자동차 1대를 조립할 수 있는 초능력을 가진 노동자가 있

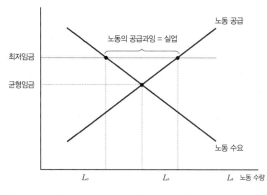

노동 공급

노동의 공급과잉 = 실업

최저임금

균형임금

노동 수요

임금이 균형임금보다
높아서 발생하는 실업

L_d L_e L_s 노동 수량

(출처: N. Gregory Mankiw 저, 김경환·김종석 역, 『맨큐의 경제학』 제6판.
센게이지러닝코리아, 2013년, 705쪽)

다면, 이 노동자에 대한 수요가 엄청날 것입니다. 경쟁 시장 이론은
이러한 변수들을 모두 제거하고 시장 참가자들 모두가 비슷한 지식
과 정보를 가지고 경쟁적으로 참여하고 있다고 봅니다.

그러면 노동시장은 과연 경쟁적일까요? 노동자들이 임금이 마음
에 들지 않으면 시장에 참여하지 않을 수 있어야 경쟁적이라 할 수
있습니다. '그 돈 받고는 일 안해'라거나 직장이 마음에 들지 않아
서 '당장 때려치워야지'라며 호기롭게 말할 수 있어야 한다는 겁니
다. 그런데 대한민국 샐러리맨 가운데 이런 용기를 가진 사람이 몇 명
이나 있을까요? 매일 사직서를 주머니에 넣고 출근하지만 차마 내밀
지 못하고 퇴근합니다. 노동시장에서 해고와 임금을 결정하는 힘은
사장님들에게 있는 것이 보통입니다. 특히 아르바이트노동과 같은 저
임금 미숙련노동자들의 경우에는 얼마든지 대체가 가능하기 때문에
사장님들이 유리한 위치에 있습니다. 전혀 경쟁적이지 않다는 것입니
다. 그래서 노동시장은 노동력의 수요자인 사장님이 독점적 지위를

가진 시장입니다.

이제 경제학 교과서에 나온 이야기로 앞의 그래프를 비판하며 수정할 수 있습니다. 일단 수요와 공급에 의해 형성되었다는 균형가격을 현실에서 2018년에 적용되는 7,530원이라고 가정해 봅시다. 이론대로라면 이 괴리만큼 실업이 발생해야 합니다. 그런데 7,530원의 균형가격이 경쟁적 노동시장에서 형성된 것이 아니라 사장님들의 권력 때문에 실제 시장가격보다 낮게 형성된 것이라면 이야기가 달라집니다. 노동자들은 일하지 않으면 생계 자체가 불가능하기 때문에 낮은 임금의 일자리에서라도 일할 수밖에 없습니다. 이 경우, 다음 쪽 그래프처럼 경쟁적 시장에서의 균형가격수준으로 최저임금이 오를 때까지 실업 현상은 나타나지 않을 것입니다. 오히려 임금이 너무 낮아 노동자들의 노동시장 진입 의욕을 떨어뜨린다고 해석할 수도 있습니다. 낮은 임금이 한국의 낮은 고용율과 '니트족' 출현의 원인일 겁니다. Not in Employment, Education or Training의 앞 글자를 따서 만든 '니트NEET'라는 말은 직장인도 아니고 학생도 아니면서 직업훈련을 받지도 않고 구직을 위해 노력도 하지 않는 사람을 가리키는 신조어 입니다. 20대들이 곧바로 노동시장에 진입하는 것을 거부하고 많은 비용을 지불해서라도 '고학력 고스펙'을 추구하는 것도 저임금 때문이라고 볼 수 있습니다. 사장님들은 일하려는 알바가 없다고 하고 노동자들은 일할 곳이 없다고 하는 엇갈리는 반응도 이로부터 설명할 수 있습니다. 이 간극이 바로 위 그래프의 A-B입니다.

2013년에 미국에서 오바마 대통령이 미국의 최저임금을 9달러로 올려야 한다고 주장했다가 공화당과 재계에서 고용이 낮아질 것이라

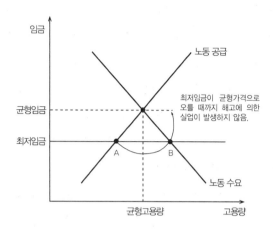

임금

노동 공급

균형임금

최저임금이 균형가격으로
오를 때까지 해고에 의한
실업이 발생하지 않음.

최저임금

A   B

노동 수요

균형고용량   고용량

는 입장을 내서 큰 논쟁이 붙은 적이 있습니다. 이때 CEPR(Center For Economic and Policy Research) 선임경제연구원 존 슈미트는 「최저임금은 왜 고용 감소에 큰 영향을 미치지 않는가? Why does the minimum wage have no discernible effect on emplyment?」라는 보고서를 통해 최저임금과 고용 감소는 별로 관계가 없다고 주장했습니다. 이때 그는 핵심적인 이유로 이직률 감소로 인한 비용 감소, 생산성 증진을 통한 수익 확대, 수요의 증대를 통한 이익 증대 등을 꼽았습니다. (김수현, 〈'최저임금 오르면 일자리 감소', 경영계 주장 사실일까?〉, 《프레시안》, 2013년 6월 26일.) 이직률이 높아지면 노동자 교육과 훈련에 비용이 들기 때문에 임금이 오른다고 쉽게 해고하지 않는다는 겁니다.

많은 영세자영업자가 알바는 일을 시킬 만하면 그만둔다고 불평합니다. 그런데 왜 알바노동자가 일을 그만두는지에 대해서는 깊이 생각하지 않습니다. 너무 임금이 적어서 애정을 지닐 수 없는 일자리

이기 때문에 쉽게 그만두는 것입니다. 임금이 높아지면 소속감과 책임감이 높아지기 때문에 이직이 줄어들어 사장님 입장에서도 이익입니다. 임금이 높으면 동기가 부여되어 생산력이 높아집니다. 이러한 이익 때문에 사장님들은 노동자들을 해고하지 않게 될 것입니다. 또 최저임금이 높아지면 저소득층이 소비를 늘리기 때문에 경기가 활성화되어 이윤이 늘고, 생산비 증가에 대한 손해가 상쇄될 것입니다. 이것이 존 슈미트의 이야기입니다.

최저임금이 높아지면 일자리가 사라질 것이라는 공포에서 이제 벗어나야 합니다. 그런 이야기는 생계 문제가 절박한 노동자들의 입장에서는 협박에 가깝습니다. 언젠가 경제학 교과서에서 노동시장의 수요공급곡선 옆에 이상의 설명이 덧붙여지기를 기대해 봅니다.

'최저임금 1만원'과 민주주의

국민 모두가 생계 문제에서 안정적인 것은 현대 민주주의의 필수적인 요소입니다. 현대 민주주의의 이상은 국민이 나라의 주인이고 이들 주권자가 정치에 참여해서 합리적으로 의사를 결정한다는 믿음에 근거해 있기 때문입니다. 주권자가 생계 때문에 정치에 참여할 수 없다면, 민주주의의 근간이 흔들리게 됩니다.

지금까지 민주주의를 위한 투쟁은 절차적 민주주의의 실현을 목표로 한 것이었습니다. 특히 한국에서는 1987년 6월항쟁과 그에 이은 노동자대투쟁을 통해, 대통령 직선제와 민주노조운동이 자리를 잡았습니다.

그런데 문제가 생겼습니다. 국민들이 올바른 정치적 판단을 내릴 수 있는 여유와 조건이 무너지기 시작한 겁니다. 언제든지 해고될 수 있다는 불안 속에서 살아갑니다. 그렇기 때문에 많은 시간을 일할 수밖에 없습니다. 온 국민이 어느 철학자의 책 제목처럼 '피로 사회'에서 살아가고 있습니다.

심지어는 시간이 없어서 투표할 수 없는 노동자도 생겨납니다. 투표일에도 출근해야 먹고살 수 있는 저임금의 노동자가 다수 존재합니다. 아니면 장시간 노동에 지쳐, 투표일이 아니면 쉴 수 없는 노동자도 있습니다. 어찌어찌 투표에 참여하더라도, 후보들이 내건 공약이 무엇이며 그들이 소속된 정당의 정책이 무엇인지 제대로 확인할 여유는 없습니다. 책과 신문을 읽으며 정치에 대해 토론할 수 있는 시간과 공간도 없습니다. 국민이 주권자로서의 삶을 살아가지 못하는 상태가 지속된다면 투표라는 절차는 통치의 '수단'으로 전락할 수밖에 없습니다.

현재와 같은 선거제도에서는 경제적으로 여유가 있는 이들만이 피선거권을 제대로 행사할 수 있습니다. 기탁금과 선거비용을 감당할 수 있고 미디어에 노출될 수 있는 권력을 가진 이들만이 정치의 주체가 됩니다. 투표는 매우 수동적인 행위가 되고 맙니다. '그놈이 그놈이다'라는 말처럼, 선출되는 사람은 검사, 판사, 의사, 약사 같은 전문직이거나 CEO들과 같은 성공한 사람, 혹은 자산이 많은 사람들입니다. 이명박이나 안철수가 대표적인 사람들입니다. 정치적 견해나 정책보다는 사회적으로 성공한 사람이라는 상징이나 인상이 선거에서 더 중요하게 되었습니다.

최근 한국에서 나타난 민주주의 위기에는 이러한 사회경제적 배경이 있습니다. 2012년 말에 만난 아르바이트노동자들 중에는 대통령후보가 누군지 모르는 사람도 있었습니다. 패스트푸드점에서 아르바이트노동자들을 관리하느라 투표장에 갈 수 없었던 매니저도 있었습니다. '최저임금 1만원'은 주권자들의 경제적 상태를 개선하여 민주주의 근간을 다지는 작업입니다.

노동과 교육, 사회적 인식의 전환

　'최저임금 1만원'은 교육체계에 큰 영향을 미칠 것입니다. 현재 한국 교육에 대해서 이구동성으로 '입시 위주'를 지적합니다. 뒤이어서 나오는 게 '학벌'입니다. 그런데 중요한 질문이 빠져 있습니다. 왜 입시 위주 교육을 추구할 수밖에 없냐는 겁니다. 입시 지옥의 중요한 원인이 바로 불안정한 노동시장입니다. 좋은 학벌을 갖춘 노동자들의 노동조건이 그렇지 못한 이들의 노동조건보다 좋습니다. 'SKY' 출신들은 취업 성공률도 높으며 임금도 상대적으로 높습니다. 눈에 보이는 노동조건뿐만 아니라 업무와 승진에서 눈에 보이지 않는 인맥의 힘도 강합니다. 그들이 공부를 잘했다는 이유로 이러한 지위를 누릴 수 있는 것은 그렇다 치더라도, 그렇지 못한 사람들의 노동조건이 너무 열악합니다. 초, 중, 고 시절 학습 능력이 향후 인생의 먹고사는 문제는 물론이고 사회적 지위도 결정하게 됩니다. 학벌이나 학력이 낮으면 비정규직이나 저임금노동자가 될 확률이 높아지는 겁니다. 최저임금이 징벌적 역할을 하고 있는 겁니다.

교육과 노동조건의 관계는 지난 10년 동안 선호하는 대학의 과를 살펴보면 알 수 있습니다. 통계청 사이트에 실린 〈산업계 트렌드에 따라 변화해 온 인기학과 & 2013년 현재의 인기학과는?〉이라는 글에서 재미있는 통계를 발견할 수 있습니다. 2000년부터 2012년까지 경영학과는 469개에서 693개로 는 반면에, 학문의 기초라 볼 수 있는 철학과와 윤리학과는 107개에서 76개로 줄었습니다. 의료공학과와 약학과 등이 계속해서 늘고 있고, 어문 계열 학과와 사회학과 등은 비인기 학과가 되어 구조조정으로 사라지고 있는 실정입니다. 한국공학한림원이 작성한 「2012 공학기술계 우수 인력 양성을 위한 조사 결과」는 한국에서 대우받는 직업 1위로 법조인을 뽑았다고 합니다. 뒤를 이어 의사, 한의사, 고위 공무원, 정치인, 기업인 순이었습니다. 임금 차이도 분명합니다. 한국직업능력개발원이 발표한 「4년제 대학 이공계 학과별 노동시장 성과 비교」에 따르면 의학계열 졸업생 월평균임금은 242.6만원, 공학 계열과 자연 계열 졸업생 월평균임금은 각각 225.3만원, 179.4만원으로 나타났습니다. 이렇다 보니 당연히 공무원 시험, 로스쿨, 약학전문대학원에 관심이 몰릴 수밖에 없습니다. '최저임금 1만원'을 통해 노동시장의 소득 차별을 해소한다면, 한국의 지옥 같은 입시 경쟁과 사교육 시장을 없앨 수 있는 조건이 만들어질 것입니다.

　　최저임금이 1만원이 되면 알바나 하면서 살겠다고 하는 사람들이 있습니다. 좋은 일입니다. 최저임금 인상은 100:1의 경쟁률을 뚫어야만 9급 공무원이 될 수 있는 현실을 바꿀 수 있는 대안입니다. 그리고 노동자가 되는 것이 자연스럽게 받아들여진다면, 유럽처럼 한국의 학교에서도 노동법 교육과 모의 노사교섭 등을 실시하게 될 것입니다. 그리고 교실에 걸린 '지금 공부 안 하면 평생 후회한다'는 급훈이 '자신이 하고 싶은 꿈을 찾자'는 것으로 바뀔 수도 있을 겁니다. 물론 이것은 시작일 뿐이고, 선생님들의 교육운동과 청소년들의 인권운동으로 뒷받침되어야 할 것입니다.

'최저임금 1만원', 정규직노동자와 실업자에게도 이익

'최저임금 1만원'은 정규직노동자들에게도 이익입니다. 정규직노동자들은 최저임금 인상이 자기 임금의 인상과 관계가 없다고 생각하기 쉽습니다. 이는 한국의 복잡한 임금체계 때문입니다. 정규직 월급에서 기본급, 즉 정해진 노동시간에 시급을 곱한 것의 비중은 매우 낮습니다. 임금제도개선위원회의 '임금구성 및 상여금 지급 기준 실태' 조사에 따르면 우리나라 100인 이상 사업장 978곳 노동자들의 월평균임금은 297만7천413원이고 여기서 기본급이 차지하는 비중은 57.3%(170만6천690원)에 불과합니다. (「100인 이상 사업장 74% "노사 합의로 통상임금 범위 결정"」, 『매일노동뉴스』 2013년 8월 13일.) 나머지는 상여금이나 연장 근로 등으로 얻는 수당입니다.

몇 년 전부터 '통상임금'이 문제로 떠올랐습니다. 정기적으로 지급되는 보너스(상여금)을 통상임금에 포함시킬 것이냐의 문제입니다. 「근로기준법」이나 「고용보험법」에 따르면, 통상임금이 해고예고수당, 연장·야간·휴일근로수당, 연차유급휴가수당, 산전후휴가급여 따위를 산정하는 기초입니다. 통상임금 액수가 커지면 위와 같은 수당의 액수도 커지기 때문에, 보너스를 통상임금에 포함시키느냐가 문제가 된 것입니다.

대법원은 이에 대해 이상한 판결을 내렸습니다. "18일 대법원 전원합의체가, 통상임금 범위 논란에 대한 최종 판결을 내렸다. 정기적으로 지급되는 상여금은 통상임금에 포함되며, 여름휴가비나 김장보너스 등의 복리후생비는 통상임금에 해당하지 않는다는 판결이다. 또한 대법원은 노사가 정기상여금 등을 통상임금 산정에서 제외키로 하는 노사합의는 「근로기준법」에 위반돼 무효이나, 노동자가 이에 대한 추가임금 청구를 하게 되면 기업 경영에 어려움이 따르며 신의성실의 원칙에도 위반된다며 허용할 수 없다는 입장을 밝혔다."(윤지연, 〈대법원 정기상여금은 통상임금에 포함 판결〉, 《참세상》, 2013년 12월 18일.) 간단히 이야기하면, 법적으로 정기상여금은 통상임금이기 때문에 추가임금을 산정할 때 이를 기준으로 해야 하지만, 현실적으로 기업에 부담이 되기 때문에 노동자들이 회사에 이를 요구하면 안 된다는 이야기입니다.

경총이 조사한 바에 따르면, 상여금의 종류만 270여 개라고 합니다. 왜 이렇게 복잡하게 만든 것일까요? 노동자들이 '자발적으로' 더 오래 일하도록 유도하기 위한 것입니다. 휴일에 일하여 받는 수당이 워낙 많다 보니, 정규직노동자들은 기본급 인상보다는 수당에 더 관심이 많아집니다. 한국관광공사의 조사에 따르면, 2016년 대한민국의 연차 부여 일수는 평균 15.1일이었으나 사용 일수는 7.9일(52.3%)에 불과한 것으로 나타났습니다.

상황이 이렇다 보니 대기업 정규직노동자는 자신은 최저임금과 관계없다고 생각하고 단체협상에서 상여급과 수당을 올리는 데 더 관심이 많습니다.

　이러한 임금체계는 '귀족 노동자'라는 착시 효과를 낳습니다. 휴일에도 나와 일하고 받는 임금이 기본급처럼 보이기 때문입니다.

	시급	월 임금	주말 노동	주 노동시간	총 월 임금
A	7,530원	7,530원 X 209시간= 1,573,770원	7,530원 X 3 X 8시간 X 4주 = 722,880원	48시간	2,296,650원
B	1만원	10,000원 X 209시간 = 209만원	없음	40시간	209만원

* 노동자 A의 경우 주말에 일하면 시급의 3배를 준다고 가정

　위의 표처럼 노동자 A는 시급이 7,530원이고 주말에 일할 경우 시급을 법정 기준인 1.5배가 아닌 3배를 받는 것으로 근로계약을 맺었다고 합시다. 이 경우 A는 300만원 정도의 임금을 받기 위해서 반드시 주말에 일해야 합니다. 노동자들이 자발적으로 오래 일하는 것이지요. A 노동자의 임금을 시간당 임금이 아니라 월 총임금에서 주 40시간 노동을 기준으로 계산하면 시급 1만원 정도가 됩니다. 이 노동자가 얼마나 많은 시간 일했는지는 사라지는 겁니다.

　'최저임금 1만원'이 되면, 주 40시간 노동해도 209만원의 임금을 받을 수 있습니다. 최저임금은 비정규직이나 알바만의 문제가 아니라 정규직노동자에게도 이해관계가 걸린 문제입니다. 정규직노동자의 노동시간이 준다면, 준 노동시간만큼 일자리가 새로 생겨날 수도 있습니다. 그것도 시급 1만원의 일자리입니다. 이는 실업자에게도 좋은 일입니다.

'최저임금 1만원'의 가능성

지금까지 '최저임금 1만원'이 왜 정당하고 필요한지를 살펴보았고, '최저임금 1만원'이 시행될 때 벌어질 일에 대한 우려에 대해 답해 보았습니다. 이제 남아 있는 문제는 그게 가능하냐는 질문입니다.

모든 노동자에게 시간당 1만원을 지급할 정도의 비용을 어디에서 마련할 수 있을까? 이에 답하려면, '최저임금 1만원'이 도입되었을 때 노동시간과 고용의 변화, 소비 증가, 인플레이션, 승수효과, 경제성장, 영세자영업자에 대한 영향, 대기업과 중소기업의 관계의 변화, 교육과 직업에 대한 사회적 인식의 변화 등등 사회적 경제적 정치적 변화들을 고려한 세련된 모델이 제시될 필요가 있습니다. 그러나 여기서는 몇 가지 예상 가능한 변화와 희망적인 바람을 중심으로 밝혀 보겠습니다.

정부 발표에 따르면, 2016년 국민 1인당 실질국민총소득은 3,064만원입니다. 국민의 총소득을 총인구로 나눈 것입니다. '최저임금 1만원'은 연봉 2,400만원 정도를 받자는 주장입니다. 이게 정말 말도 안 되는 주장 같지만, 사실은 1인당 국민소득이 3천만원이 넘는다는 사실이야말로 더 허황된 이야기 같습니다. 이 돈들은 다 어디로 갔을까요?

이 가슴 아픈 사연을 통계가 말해 주고 있습니다. 바로 '소득 만족도' 조사인데, 통계청에서 소득이 있는 19세 이상 인구를 조사한 결과 본인의 소득에 대해 '매우 만족' 또는 '약간 만족'으로 응답한 사람의 비율이 2017년에 13.3%에 불과했습니다. 약 87%의 국민이 자신의 소득에 불만을 느끼고 있다는 것입니다.

여기서 주목해야 할 또 하나의 통계가 있습니다. 바로 노동소득 분배율입니다. 총소득 중에서 국민 대다수인 노동자가 얼마나 가져 가는가를 보여 주는 수치이며, 간단히 말해 국민들이 받는 월급 총 액이라고 생각할 수 있습니다. 이걸 계산하는 방식에 대해 논쟁이 많 습니다. 한국은행은 자영업자의 소득을 자본소득으로 보는데, 이렇 게 되면 자영업자 소득이 줄면 노동소득의 비율이 상대적으로 높아 지는 효과를 발생시킵니다. 덕분에 한국은행의 계산상 한국의 노동 소득분배율은 개선되고 있습니다. 이것은 1997년 IMF 사태 이후 해 고된 노동자들이 자영업 시장으로 뛰어들면서 그 수가 급격히 늘어 나고 그 결과 경쟁이 치열해져 노동자들의 소득보다 영세자영업자 사 장님의 소득이 줄어든 결과입니다. 만약 자영업자의 소득을 노동소 득으로 본다면, 자영업자의 소득이 줄면서 노동소득분배율도 상대적 으로 줄어들 것입니다. 이런 논란이 있지만, 일단 한발 양보해서 한 국은행의 노동소득분배율을 보겠습니다. IMF 사태 직전인 1996년 62.4%로 정점을 찍었다가 1997년부터 하락세를 보이다가 2014년이 되어서야 62.8%로 회복합니다. 물론, 아무도 이렇게 느끼지는 않을 것입니다. 체감적으로는 경제가 성장해도 나의 소득이 늘지 않는다고 느끼기 때문입니다.

아무튼 통계로 보면 노동소득분배율이 보통 60%라고 볼 수 있습 니다. 1,000조를 벌면 600조를 노동자가, 400조를 기업이 가져간다는 것입니다.

그렇다면 우리나라 국민들 중에서 노동자는 몇 명이고 경영자(사장)는 몇 명일까요? 통계청이 발표한 『2015년 12월 및 연간 고용 동향』에 따르면, 2015년 12월 기준 15세 이상의 대한민국 국민은 4,321만6천 명입니다. 이 중 노동이나 장사 등으로 경제활동을 하는 인구는 2,674만7천 명이고, 노동자는 1,948만7천 명입니다. 비임금근로자라고 불리는 자영업자와 무급 가족 종사자에 고용주를 합치면 639만2천 명입니다. 실업자는 86만8천 명, 구직 단념자는 50만 명입니다. 여기서 "실업자"란 조사 당시 지난 4주간 취업 활동을 한 사람이고 "구직 단념자"는 그런 활동을 하지 않은 사람을 말합니다. 비경제활동인구로 잡히는 학생, 전업주부 등은 1,644만9천 명입니다. 이 숫자는 조사 시점에 따라 달라질 수 있고 너무 복잡하니, 역시 간단한 숫자로 어림잡아 보는 것이 좋겠습니다. 노동자는 2,000만, 자영업자는 500만, 비경제활동인구는 1,500만 정도라고 생각해 봅시다. 여기에 실업자가 100만, 구직 단념자가 50만입니다. 그러면 얼추 한국 사회의 인구가 어떻게 살고 있는지 보입니다.

1,000조원를 벌면 2,000만 명이 그중 600조원을 나누어 가집니다. 그리고 이 돈으로 비경제활동인구 1,500만 명과 실업자, 구직 단념자의 생계도 책임집니다. 경제활동인구로 분류되지 않는 15세 미만의 청소년들도 있습니다. 비경제활동인구의 대부분을 차지하고 있는 전업주부는 무급으로 가사노동을 담당하고, 노동자가 에너지를 충전해서 일하러 나갈 수 있도록 노동하고, 심지어 노동자를 재생산하기 위한 출산과 육아를 담당합니다. 이것은 비용으로 책정되지도 않습니다.

현실적인 최저임금 논쟁 과정에서는 시급을 1천원 올리느냐 500

원 올리느냐를 놓고 싸우게 되지만, 노동소득분배율을 가지고 싸우면 돈의 규모는 달라집니다. 1%의 개선은 10조원, 10%의 개선은 100조원의 돈이 오가는 일이 됩니다.

우리가 '최저임금 1만원'을 이제 진지하게 국가적 경제정책으로 논의한다면, 1,000조원과 2,000만 명의 노동자들을 두고 이야기를 나누어야 하지 조그마한 가게의 재무제표와 알바노동자 1명의 월급을 가지고 계산하면 안 됩니다. 당연히 영세자영업자는 지급 여력이 모자랍니다. 하지만 국가 전체의 부의 측면에서 보면 충분한 여력이 있습니다. 우리가 풀어야 할 문제는 바로 이 수수께끼입니다.

대기업-가맹점의 불공정한 계약 개선하기

대기업인 본사와 영세한 가맹점의 불공정한 계약도 개선될 필요가 있습니다. 가맹점주들의 주장은 소박합니다. 지금처럼 매출에서 물품 대금만 제한 돈이 아니라 인건비와 관리비 등도 제하고 남은 돈, 진정한 의미의 이윤에서 35%를 본사에 송금하겠다는 안을 냈습니다. 앞에서 언급한 2013년 9월 10일 국회인권포럼의 세미나에서 전국편의점가맹사업단체협의회 회장이 제안한 것입니다.

재벌 본사에게 주는 로열티의 비율을 낮추고 임대료를 낮추면, 아르바이트노동자와 점주 모두 지금보다 나은 삶을 살 수 있습니다.

과거에는 1,000만원의 수익이 생겼다면 여기서 35%를 계산해서 본사에 보내게 됩니다. 350만원을 보내고 나면 650만원이 남고, 여기서 대략 인건비 300만원, 임대료 200만원, 관리비 100만원이 나갑니다. 남은 돈 50만원이 편의점주 수익이 됩니다. 여기서 인건비는 시급 7,530원 기준으로 주 5일 8시간 일하는 알바 2명 기준입니다.

그런데 본사에 보내는 35%의 기준이 달라지면 상황이 바뀝니다. 먼저 이익에서 인건비, 임대료, 관리비를 먼저 제합니다. 그러면 400만원이 남습니다. 이때 400만원의 35%인 140만원을 본사에 보냅니다. 그렇게 되면 편의점주는 260만원 정도의 수익을 얻게 되는 겁니다.

노동자들의 시급을 8,000원으로 올렸다고 합시다. 그러면 알바 인건비, 집세, 관리비 등을 지급하고 나면 350만원이 남게 되고, 본사에 122만5천원을 납부합니다, 편의점주는 227만5천원의 소득을 얻게 됩니다. 이를 단순화해서 표로 정리하면 다음과 같습니다.

	현재	비고	개선안	비고
총수익	1,000만원	총매출 – 물품 대금	1,000만원	총매출 – 물품 대금
인건비	300만원	2명	350만원	시급 8,000원
임대료	200만원		200만원	
관리비	100만원	전기세 등	100만원	전기세 등
로얄티	350만원	1,000만원 기준 35%	122만5천원	350만원(1,000만원 – 350만원 – 200만원 – 100만원) 기준 35%
점주 수익	100만원		227만5천원	

임대료를 낮추거나 고정시켜도 최저임금 지급 여력이 생깁니다. 이처럼 재벌들에게 주는 로열티의 비율이나 임대료를 인하하는 것만으로도, 사회경제체제의 근본적인 변화가 없이도 아르바이트노동자와 점주 모두 이익을 볼 수 있습니다. 재벌들에게 주는 로열티의 비율자체를 낮춘다면 '최저임금 1만원'은 당장 실현 가능할 것입니다. 그리고 '최저임금 1만원'에 따른 매출 상승까지 고려한다면 최저임금

의 인상은 꿈이 아니라 현실이 될 수 있습니다.

여기에 더해 '최소 수익 보장 제도'를 도입할 필요가 있습니다. 매출이 낮아도 편의점주가 최소한 200만원의 소득을 얻을 수 있도록 로열티를 조정하는 겁니다. 월 200만원은 '최저임금 1만원'이 도입된 사회에서 주 40시간 노동을 했을 경우 소득인 209만원과 가깝습니다.

이러한 시스템을 만들어 놓으면 임금 체불이나 임금 삭감은 줄어들 것이고 본사의 책임은 강해집니다. 사실상 아르바이트노동자들의 인건비를 고정비용으로 보고 본사가 일부 책임지는 것입니다. 알바 임금을 줘서 점주가 200만원 이하의 수익을 얻는다면 본사가 가져가는 로열티를 줄이는 겁니다. 편의점주의 수익이 본사의 수익과도 연동되기 때문에 대기업의 도덕적 해이도 막을 수 있습니다. 편의점주가 많이 벌어야 본사도 가져가는 게 있겠죠? 이러한 생각은 좌파적인 생각이 아닙니다. 오히려 공정한 경쟁을 이상으로 삼는 자유주의적 사상에 더 가깝습니다. 중요한 것은 한국의 자본주의 질서가 이러한 자유주의적 이념에도 한참 못 미친다는 데 있습니다. 영세자영업자들이 어려울 때 '을' 중의 '을'인 아르바이트노동자들을 착취할 것이 아니라 슈퍼'갑'인 대기업의 막대한 수익을 건드릴 필요가 있습니다.

제4장

새로운 쟁점들과 '최저임금 삭감법'

'최저임금 1만원'의 쟁점들

'최저임금 1만원' 운동은 알바노동자가 시민권을 획득하는 과정이었습니다. '최저임금 1만원'은 당선 가능성이 없었던 대통령 후보의 하늘 위의 외침에서 알바노동자들이 발 딛고 있는 땅 위의 요구로 내려왔습니다.

주인공을 만들고 이들의 요구를 관철시키려는 움직임을 우리는 '운동'이라고 부릅니다. 간단합니다. 무언가가 움직이고 변화하는 것입니다. 이것이 만들어 내는 에너지와 파장이 사회 전반에 영향을 미치게 된다면 그 운동이 성공했다고 할 수 있습니다. 국회의원 후보들의 공약이 되고, 대통령 선거의 공약이 됐습니다. '최저임금 1만원'은 이 과정을 통해 정치적 의제로, 행정부의 구체적인 정책으로 변화하고 있습니다. 문재인 정부에서 2018년 최저임금은 전년도 최저임금 6,470원에 비해 1,060원 오른 7,530원이 됐습니다. 우리가 목표했던 1만원에는 미치지 못하지만, 최저임금의 대폭 인상은 현실이 됐습니다. 그래서 운동 과정에서는 떠오르지 않았던 무수한 쟁점들이 새롭게 나타나고 있습니다.

그런 쟁점들은 '최저임금 1만원'이 이론적으로 가능한가와는 전혀 다른 차원의 문제입니다. 최저임금 인상 반대론자들이 내세우는 인플레이션, 고용 감소, 영세자영업자 몰락 같은 경제학적 쟁점은 현실과는 너무 동떨어진 책 속의 쟁점입니다. 그러니깐 현실이 되지 않았을 때 편안하게 이야기할 수 있는 학술 논쟁 같은 것입니다. 사실 최저임금을 공격하는 새로운 내용도 딱히 없습니다. 그런 식의 최저임금 인상 공격에 대해서는 2014년에 처음 나왔던 이 책에서도 이미 다뤘습니다.

임금이 법으로 정한 최저임금 수준에서 현실적으로 결정되는 노동자를 '최저임금노동자'라 해 봅시다. 최저임금이 인상되자 이들 최저임금노동자들이 가장 먼저 마주하게 된 현실적 어려움은 기업들의 인건비 부담을 예방적으로 노동자들에게 전가하는 것입니다. 이것을 우리는 최저임금 인상의 결과가 아니라 최저임금 인상의 과정이라고 불러야 할 것 같습니다. 필연적으로 나타나는 현상이기 때문입니다. 경제학 교과서에서는 절대로 나오지 않는 임금을 둘러싼 정치적 갈등입니다. 노동시장의 수요-공급 그래프에서는 임금 갈등의 주인공으로 고용주와 노동자 둘만 내세웁니다. 하지만 노동시장의 주인공은 사용자와 노동자뿐만이 아닙니다. 경제주체는 더 많습니다. 인건비 부담을 배당금이나 지대에 전가하는 방법도 있습니다. 무엇보다도 국가라는 경제주체도 있습니다. 하지만 기업 입장에서는 노동자들에게 부담을 지우는 게 가장 손쉬운 방법입니다. 가장 설득하기 쉽기 때문입니다. 사실 설득이 아닙니다. 해고시키면 됩니다. 해고됐을 때 생계비가 없다면 해고가 살인이 되어 버리지요. 이런 점에서 임금 갈등은 정치적인 문제이자 권력의 문제라고 볼 수 있습니다. 여기서는 2018년에 주요하게 쟁점이 됐던 문제들과 새롭게 고민해 보아야 할 지점들에 대해서 살펴볼 것입니다.

쟁점 0. 언론의 도 넘은 최저임금 때리기

2018년 1월 1일이 되자마자 그야말로 폭격이 벌어졌습니다. "최저임금의 역풍", "최저임금의 딜레마", "최저임금의 역습" 등의 제목으로 수십 개의 기사가 포탄처럼 쏟아집니다. 최저임금이 지나치게 높아져 노동시간을 줄이고 고용을 감소시킬 것이며 영세자영업자들이 어렵다는 논조들입니다. 그 와중에 오보 사고가 발생했습니다.

채널A는 2018년 1월 2일 〈야간 시급은 1.5배. "심야 영업 포기했어요"〉라는 제목의 리포트를 보도했습니다. 그런데 이 보도는 완벽한 오보입니다. 야간수당이 새벽 1시부터 오전 6시까지 일하면 지급된다고 잘못 설명한 겁니다. 「근로기준법」상 야간수당은 오후 10시부터 오전 6시까지 일하면 받을 수 있습니다. 간단한 '팩트 체크'도 하지 않은 겁니다. 더 결정적인 오보는 따로 있습니다. 편의점이 1.5배의 야간수당이 부담스러워서 야간 영업을 하지 않는다고 보도했습니다. 그런데 야간수당은 5인 미만 사업장에는 적용되지 않습니다.

사업장에서 일한 사람의 수를 "상시근로자 수"라고 하는데, 한 달 동안 일했던 모든 노동자들의 숫자를 월 근로일로 나누면 됩니다. 상시근로자 수와 사업주가 채용한 근로자 수는 다른 개념입니다. 조금 복잡하니 예를 들어서 살펴봅시다. 사업장에서 7명을 고용하더라도, 이 7명이 하루에 모두 일하는 게 아니라 월요일부터 일요일까지 하루씩만 일하면 상시근로자 수가 1인인 사업장이 됩니다. 그렇다고 같은 시간에 5명이 모두 함께 일해야 5인 사업장이 되는 건 아닙니다. 하루에 7명씩 7교대로 운영하면 상시근로자 수가 7인인 사업장이 됩니다. 1일부터 16일까지는 6명이 일하고 17일부터 30일까지는 4명이 일했다면, 5인 이상 일하는 날이 전체 근로일의 절반을 넘었기 때문에 '5인 이상 사업장'입니다. 계산할 때 사장은 제외됩니다.

자 이제 편의점으로 다시 와 봅시다. 편의점을 24시간 돌린다면 보통 8시간씩 3교대입니다. 대부분 한 타임에 1명씩 일합니다. 그래서 편의점은 야간수당을 지급하지 않는 대표적인 5인 미만 사업장입니다. 물론, 편의점을 두세 개 동시에 운영하는 점주가 있다면, 여러 점포의 노동자를 포함하여 계산해야 하기 때문에 5인 이상 사업장이 될 가능성이 있습니다. 여러 개의 편의점을 운영하고 있다면 어느 정도 경제적 여유가 있다고 봐야 하겠지요.

아무튼 제가 상담한 알바노동자 중에는 최저임금을 받기 위해서 야간에 일한다고 답하는 사람도 있었습니다. 통상 편의점에서는 최저임금도 안 주지만 야간에 일하는 대가로 최저임금을 맞춰 준다는 겁니다. 사실 편의점은 야간에 힘든 일을 시키면서도 5인 미만 사업장이라는 이유로 임금을 '할인' 받았던 곳입니다.

야간수당이 부담이라는 내용을 취재하고 싶었다면 채널A는 최소한 야간수당을 지급하는 사업장을 찾아야 했을 것입니다. 하지만 야간수당을 지급하고 「근로기준법」을 지키는 사업장은 최저임금을 지급할 여력이 있으니, 극적인 사례를 찾기 힘들었을 것입니다. 그래서 손쉬운 편의점을 건드린 것 같습니다.

더욱이 편의점의 야간 영업은 본사와의 계약 때문에 강제로 해 오던 관행입니다. 본사는 그동안 편의점의 상징은 하루 종일 불이 꺼지지 않는 '24시간 영업'이라는 입장을 고수해 왔습니다. 하지만 번화가가 아닌 이상 손님은 없는데 전기세 나가고 인건비 나가는 야간 영업을 하고 싶은 점주가 어디 있겠습니까? 야간에 장사가 안 되지만 강제로 영업을 해야 하는 점주 중에는 불만 켜 놓고 편의점에서 잠을 청하는 사람도 있었습니다. 그러다가 2014년에 「가맹사업거래의 공정화에 관한 법률」 제12조 제3항이 개정되어 부당한 24시간 영업을 강요할 수 없게 바뀝니다. "심야 영업시간대의 매출이 그 영업에 소요되는 비용에 비하여 저조하여" 6개월간 "영업손실이 발생함에 따라 가맹점사업자가 영업시간 단축을 요구함에도" 본사가 이를 허용하지 아니하는 행위는 처벌을 받게 됩니다.

여기서 채널A 오보의 근거를 찾을 수 있습니다. 이 법에서 규정하는 심야 영업의 기준 시간이 바로 "오전 1시부터 오전 6시"입니다. 지금 언론이 초점을 맞추고 있는 최저임금 논지가 바뀌지 않는 이상 이런 오보는 계속 나올 것 같습니다.

SBS는 2018년 1월 4일 최저임금 인상으로 강남 압구정동 현대아파트 경비원 94명이 전원 해고됐다는 보도를 내보냅니다. 그런데 이 해고의 주요 갈등은 임금이 아니라 발레파킹입니다. 고급 승용차들이 즐비하고 주차난이 심했던 아파트에서 경비원들의 주요 업무가 주차였던 것입니다. 이렇듯 최저임금에 대한 공격은 계속됩니다.

쟁점 1. '최저임금 1만원'과 노동시간 단축, 무엇을 지지할 것인가?

최저임금이 오르면서 노동시간을 줄이거나 휴식시간을 늘려 임금을 줄이는 방식이 포착되기 시작했습니다. 그런데 이 문제를 그저 꼼수라고 말하고 넘어가기에는 걸리는 게 많습니다. 적게 일하는 것은 노동자들의 휴식권과 건강권 차원에서 좋은 일이기 때문입니다. 지금까지 노동운동의 역사를 노동시간 단축의 역사로 설명할 수 있을 정도로 이 문제는 중요합니다.

하지만 노동시간만 줄고 일의 양은 같거나 줄어든 시간만큼 추가 고용이 이어지지 않으면 어떨까요? 노동강도가 높아져 노동자들이 힘들긴 매한가지가 됩니다.

예를 들어 보겠습니다. 하루 8시간, 800개의 볼펜을 만드는 공장에서 노동시간만 하루 6시간으로 바뀌었다고 생각해 봅시다. 노동자들이 만들어야 할 800개의 양이 변하지 않았다면 회사는 아무런 손해가 없습니다. 생산력 증대로 6시간 만에 800개를 만든다면 말이지요. 이 생산력 증대의 비법으로는 기술 발전이나 노동강도 상승 같은 것들이 있습니다. 성능 좋은 새로운 기계로 인간을 대체하거나 기존 기계의 속도를 높여서 노동강도를 높이는 겁니다. 이 두 가지는 최저임금 인상과 상관없이 자본주의사회에서 쭉 이어져 왔습니다. 만약 특정 산업 분야에서 기술진보가 더디게 일어났다면, 그 산업의 인건비가 기계보다 쌌다는 증거일 뿐입니다. 이상적인 기술진보가 있다면 인간이 자신의 생계를 위해 하던 일을 기계가 대신하고 사람은 좀 더 적게 일하면서도 기술 발전의 혜택을 향유하는 것이지요. 하지만 기계와 기술진보의 결과를 자본이 독점해 왔기 때문에 그 혜택이 골고루 돌아 갈 수는 없었습니다.

여기서 발생하는 어려운 질문은 우리가 노동시간 단축을 지지할 것인가 아니면 더 많은 임금을 위해 더 많이 일하는 것을 옹호할 것인가의 문제입니다. 이 문제의 첫 번째 포문을 연 곳이 바로 이마트입니다. 이마트는 2018년부터 주 35시간으로 노동시간을 줄이겠다고 발표했습니다. 그런데 이에 대해 노조가 반발하기 시작했습니다. 그렇게 되면 임금이 줄어 버린다는 겁니다. 이마트는 이 사실을 폭로한 노조 간부들에 대해서 보복성 인사발령을 하기도 했습니다.

노동시간을 줄여서 최저임금 인상에 대한 부담을 회피하려는 기업의 술책이 괘씸한 것은 틀림이 없는 사실입니다. 그것은 도덕의 문제를 넘어서 삶의 문제와 연관되어 있습니다. 먹고살아야 할 기본적인 임금이 사라지기 때문입니다. 실제로 맥도날드는 해고가 없는 기업인데, 매니저들이 마음에 들지 않는 알바노동자들의 근무시간을 줄여서 자진 퇴사하게 만들기 때문입니다. 근무시간이 줄면 생계비 이하의 월급이 들어오기 때문에 생계에 위협을 느끼게 되고 일을 그만둘 수밖에 없습니다.

그렇다고 임금을 위해 더 오래 일하고 싶다고 이야기하는 것 역시 석연치 않습니다. 사회가 발전하면 할수록 삶의 질이 중요한 문제가 되기 때문입니다. 최근에는 '워라밸'('워크 앤 라이프 밸런스Work and Life Balance'의 줄임말)이라는 신조어까지 나와서 일과 삶의 균형이 새로운 가치관이 되고 있습니다. 더 이상 회사에 자기 인생을 바치고 싶지 않은 것이지요. "노멀 크러시Normal Crush"라는 신조어가 나타나기도 했습니다. 특별히 사회적 지위가 높지 않아도, 돈을 눈에 띄게 많이 벌지 않아도, 소소하게 삶의 만족을 느낄 수 있다는 2030세대의 태도가 반영된 것입니다. 『한국일보』가 2017년 12월 21일부터 2018년 1월 2일까지 20~35세 성인 남녀 300명을 대상으로 온라인 설문 조사를 실시한 결과([노멀크러시] 2030 「월급 300만원과 연 1회 해외여행이면 성공한 삶」, 2018년 1월 6일), 2030세대 10명 중 7명은 주 40시간 이하로 근무하는 것을 추구하는 것으로 나타났습니다. 그리고 약 절반가량이 월 300만원의 임금이면 만족할 수 있다고 대답했습니다. 40시간 이하로 일하면서 월 300만원의 소득을 얻고 나머지 시간엔 여행과 레저를 즐기면서 살고 싶다는 겁니다.

해외로 눈을 돌려 보면 이게 얼마나 소박한 요구인지 알 수 있습니다. 2018년 새해 벽두부터 노동자 360만 명을 대표하는 독일의 금속노조 IG메탈이 노동시간을 35시간에서 28시간으로 줄이기 위해 데모를 하기 시작했습니다. 금속노조 사업장에는 우리가 잘 아는 포르쉐를 만드는 공장도 포함되어 있습니다. 이들의 주장이 재밌습니다. 가족과 자녀, 친척을 돌봐야 할 경우 최대 2년까지 주 28시간까지 일할 수 있게 했다가 이후에는 풀타임으로 복귀할 수 있도록 보장하라는 겁니다. 노동자들이 일과 삶의 균형을 찾을 수 있게 기업이 책임지라는 주장입니다. IG메탈 제1대표 외르크 호프만 씨는 "임금이 낮은 사람도 노동시간을 줄일 권리를 보장받을 수 있도록 주당 28시간 일하는 노동자에게 매달 200유로(2018년 1월 환율로 약 26만원)의 보조금도 지급하라"고 요구하기도 했습니다.

서글픈 것은 한국에서 월 135만원 정도의 최저임금이 157만원으로, 약 22만원 정도 오르는 것에 그치는데, 이 22만원 때문에 우리가 임금과 노동시간 단축 사이에 선택을 고민해야 한다는 사실입니다. 답은 간단합니다. 임금의 하락 없는 노동시간 단축입니다.

그런데 이 문제를 해결하기 위해서는 기존의 임금과 노동시간에 대한 기업과 노동자 양쪽 모두의 고정관념부터 검토하고 넘어가야 합니다.

쟁점 2. '동일 노동 동일 임금'의 전환

근로시간 법제의 본래 목적성과 기능성을 살펴보면 근로시간을 근로자가 사용자에게 제공하여야 하는 근로 제공의 의미를 결정짓는 유일한 요소로 파악하여 임금 산정의 기초 단위를 이룬다는 관념에 기초하고 있다. (이영주, 「실근로시간의 효과적 단축을 위한 법 제도 개선 방안」, 고려대학교 석사 학위 논문, 2018년)

이 논문에서 이영주 씨는 기존의 근로시간과 임금을 일체적 규율 방식이라고 이야기합니다. 최저임금이 이 일체적 규율 방식을 가장 선명하게 보여 줍니다. '1시간 노동 = XXXX원'의 공식입니다. 그런데 노동시간으로만 노동력의 가치를 매기는 방식은 현실과 맞지 않고 효율적이지도 않다는 겁니다. 이에 대해 논문에서는 그런 방식이 생산의 계획과 작업의 수행이 분리되어 생산 계획은 사용자가 결정하고 근로자는 사용자의 지시에 따라 노무만을 제공한다는 전통적인 노동과정을 전제로 하는 것이라고 지적합니다. 그러면서 이렇게 전망합니다. "4차 산업혁명의 시대를 앞둔 지금, 얼마나 많은 근로시간 동안 일을 했는가 하는 계량적 지표는 더 이상 무의미하게 된다. 얼마나 많은 성과를 가져왔는지, 얼마나 획기적인 성과를 창출했는지와 같은 성과의 양과 질에 따른 일자리 평가가 더욱더 중요하게 될 것이며 현재와 같이 임금이 단지 투입된 시간으로만 산정되는 방식의 유효성은 점차 퇴색될 것이다."

사실 경영계에서 노동시간과 임금을 분리하려는 시도를 많이 해 왔습니다. 대표적인 임금체계가 성과급입니다. 노동시간의 길이가 아니라 성과에 따라 임금을 달리하자는 주장이지요. 하지만 지금까지 성과급 체계는 연공에 따른 안정적인 연봉 상승(호봉제)을 막기 위한 노무관리의 측면에서 도입하려는 성격이 강했습니다. 생산성 혁신과는 관련이 없었고 노동조합의 반발만 사는 경우가 많았습니다. 최저임금노동자들은 사실 깎을 임금이 별로 없기 때문에 성과급이라는 게 무의미했습니다.

물론 알바노동시장에 성과급이 도입되고 있기는 합니다. 임금을 건당으로 받는 것인데, 대표적인 업종이 배달 대행입니다. 배달 한 건당 3,000원 정도를 받는 체계입니다. 노동시간과는 상관없지요. 최근 정보통신기술이 발달하면서 앱이나 SNS 등 디지털 플랫폼을 통해 고객이 서비스 요청을 하면 이것을 노동자들이 보고 고객에게 서비스하는 형태의 노동이 늘어나고 있습니다. 이것을 '플랫폼 노동'이라고 합니다. 다만 이 노동자들은 건당 수수료를 받는 사장님 신분으로, 기존의 「근로기준법」의 보호를 받지 못합니다. 또 기본급이 제공되지 않아 일정한 수입이 보장되지 못하는 문제가 있습니다. '불안정한 사장님'을 양산하는 것이지요. 게다가 이들 노동자들의 수수료는 경쟁에 따라 달라집니다. 이들 특수한 신분의 사장님들의 공급이 많아지면 수수료가 떨어져 버립니다.

악명 높은 포괄임금제 역시 노동시간에 따른 임금 원칙을 기업에서 무너뜨린 형태입니다. 일일이 시간을 계산하기 귀찮으니깐 주 4시간씩 야근한다 치고 월급을 계산해서 지급하지만, 실제로는 주 10시간씩 야근을 하게 만듭니다.

지금까지 철저하게 경영자의 입장에서 활용됐던 '노동시간과 임금이 불일치한다'라는 논리를 전복해야 하지 않을까요? 노동시간과 임금이 동일하지 않다면, 노동시간과 상관없이 임금을 주는 것도 가능합니다. 실제로 혁신적인 기업들은 생산성 향상을 위해 임금 삭감 없는 노동시간 단축을 도입하고 있습니다. 사실 오전 9시에 출근해서 오후 6시에 퇴근하는 기존의 '9~6 시스템'에서 직장인들이 집중적으로 일하는 시간은 그리 길지 않습니다.

이것은 기존 노동운동의 구호를 수정하자는 이야기가 되기도 합니다. '동일 노동 동일 임금'은 한국의 비정규직 노동운동에서 힘차게 주장했던 구호입니다. 사내하청 비정규직노동자들이 일은 똑같이 하면서 임금과 복지 후생 등에서는 차별을 받는 현실을 바꾸기 위해 외쳤던 것입니다. 하지만 사실 '동일 노동 동일 임금' 주장은 스웨덴에서 그 기원을 찾아볼 수 있습니다. 『사회주의 100년』의 저자 도널드 서순은 '동일 노동 동일 임금' 정책을 인플레이션에 따른 임금 인상을 요구하지 못하게 하기 위한 협상 원칙이라고 지적합니다. 직무를 등급에 따라 나누고 등급별로 임금을 책정하고 개별 기업이 이

기준을 벗어나지 못하도록 통제한 것이지요. 지급 여력이 없는 기업은 국가가 지원하되 그래도 안 되면 구조조정을 해서 생산성을 확보합니다.

'동일 노동 동일 임금'은 노동의 차이를 전제하는 논리입니다. 최저임금 논쟁에서의 경영자들의 주장과 비슷합니다. 편의점의 일과 공무원의 일이, 또 청소하는 일과 의사의 일이 달라야 하고, 같은 일을 하는 사람들에겐 비슷한 임금을 주자는 주장입니다. 이것은 노동을 계층화시키는 논리입니다. 또, 노동시장에 들어가는 것 자체가 어려워진 현실, 정규직노동자가 되는 것이 희망인 상황에서 노동시장 내의 임금 평등만을 이야기하는 것은 한계가 있습니다.

반면, 최저임금의 논리는 보편주의적 주장입니다. 무슨 일을 하든 최소한의 생계를 위해서 일정한 액수의 임금을 보장해 줘야 한다는 주장이지요. 저는 이것을 '동일 노동 동일 임금'의 원리를 넘어서 '아무 노동 필요 임금'의 원리라고 부르고 싶습니다. 어떤 일을 하든 생계에 필요한 임금을 지급하자는 겁니다. 이것은 기존의 화폐에 의한 등가교환의 원칙을 부수고 새로운 등가교환 원칙을 세우는 것입니다. '노동력의 가치 = 임금'이라는 등가교환이 아니라 '존재 = 임금'이라는 원칙입니다. 더 적극적으로 해석하면 임금노동에서의 등가교환을 무너뜨리는 것까지 사고해 볼 수 있습니다. 오른쪽 항에 임금 대신 소득을 넣어서 '존재 = 인간적인 소득'의 식을 만들어 내는 겁니다. 이 소득에는 임금소득뿐만 아니라 국가의 소득재분배에 의한 이전소득이 포함됩니다. 복지제도로 받는 혜택과 소득이지요. 저렴한 집은 소득을 높입니다. 무상 등록금, 무상 의료, 무상 교통 역시 소득을 높여 주며, 기본소득 같은 직접적 현금 지원은 소득의 액수를 높입니다.

이런 관점에서 다시 최저임금 인상에 따른 노동시간 단축 논의로 돌아와 봅시다. 사실 최저임금 인상은 실질임금 하락 없는 노동시간 단축의 전제 조건이기도 합니다. 최저임금 7,530원인 시대에 월 157만 원 정도를 벌기 위해서는 주 40시간을 일해야 합니다. 최저임금 1만 원 시대에는 주 30시간을 일하면 월 130만원 정도를 벌 수 있습니다. 노동시간이 어느 정도 준다 하더라도 최소한의 소득을 보장하는 것이지요. 문제는 오히려 최저임금이 조금밖에 오르지 않았다는 데 있습니다. 최저임금만으로 노동시간 단축에 따른 실질임금 하락을 보충하는 데는 한계가 있습니다. 기업의 지급 여력에도 한계가 있기 때문이지요. 국가의 보조금 정책 역시 한계가 있습니다. 일일이 기업의 사정에 맞게 지원을 할 수 없을 뿐더러, 국가가 세세하게 지원할 수도 없습니다. 이 지급 여력을 사회적으로 확보하려면 대기업과 부자들에 대한 누진적 증세를 통해 복지제도를 도입해야 합니다.

이를 두고 너무 방탕한 도덕적 해이라고 말하는 사람들도 있습니다. 하지만 방탕한 삶을 사는 사람들은 이미 있습니다. 부자들은 임금소득으로 자신의 부를 유지하지 않습니다. '부자 = 임금'은 뭔가 이상합니다. '부자 = 소득'인데 이 소득은 국가의 소득재분배를 통한 이전소득이 아닙니다. 다른 곳에서 이전합니다. 우리가 내는 월세는 우리의 임금에서 건물주에게 이전되는 소득입니다. 주주가 가져가는 배당금 역시 기업의 노동자들이 열심히 벌어서 만든 이윤을 투자자들에게 이전하는 소득입니다. 불로소득이지요.

우리는 시간당 최저임금을 올리기 위해 투쟁해 왔지만, 실제로 우리가 쟁취해야 할 내용은 우리의 노동시간과 임금 간의 상관관계를 점점 없애 버리는 것에 있습니다. 그러니깐 임금노동의 시간과 상관없이 인간다운 삶을 유지할 수 있는 소득을 쟁취하는 것이 우리의 진정한 목표인 것이지요. '1시간노동 = 1만원'이 아니라 한 사람이 한 달을 살아가는 데 필요한 소득 209만원이 '최저임금 1만원'의 진정한 의미입니다. 그래서 사실 임금은 시간급이 되어서는 안 되고 일급이나 주급, 월급처럼 인간이 살아가는 삶의 주기로 계산되어야 합니다.

할 수 있는 만큼 일하고 필요한 만큼 가져가는 것이 궁극적 과제인 것이지요. 최저임금 상승과 이에 따른 노동시간 단축은 노사 관계만으로는 절대로 해결할 수 없습니다. 이것은 사회개혁의 부분, 정치의 영역입니다.

쟁점 3. 상여금의 최저임금 산입

최저임금 인상에 대응하는 자본가의 또 다른 방법은 상여금을 최저임금에 산입하는 겁니다. '산입算入'이라는 말이 어려운데, 상여금과 월급을 합친 것을 최저임금으로 보고 그 액수를 지급했는지 여부를 판단하겠다는 겁니다. 상여금은 쉽게 말해 보너스라고 생각하면 됩니다. 보너스라고 하면 성과를 내면 주는 거라고 생각할지 모르지만, 한국에서는 기본급이 워낙 낮기 때문에 이 보너스를 정기적으로 지급해 왔습니다. 월마다 받는 기본급은 자신이 일한 대가로 받는 것이라는 느낌이 들지만 보너스는 왠지 회사의 선물 같습니다. 회사는 생색을 내고, 노동자에게는 감사의 마음이 듭니다. 만약 150만원을 월급으로 받다가 추석과 설날에 보너스로 200만원씩 추가로 지급한다면 이 돈이 들어오는 달에 통장을 보면서 얼마나 큰 행복을 느끼겠습니까?

예를 들어 봅시다. 2017년에 월 최저임금 약 135만2천2백3십원을 주던 회사가 2018년에 최저임금을 지키려면 약 22만원을 보태서 157만3천7백7십원을 줘야 합니다. 이 회사가 2017년에 보너스로 상반기 120만원, 하반기 120만원, 연 240만원을 주고 있었다고 합시다. 그런데 2018년에 갑자기 회사가 이 보너스를 열두 달로 나누어서, 기존에 주던 월135만2천2백3십원과 합쳐서 주겠다고 합니다. 그러면 월155만2천2백3십원이니, 약 2만원만 더 주면 최저임금을 지급할 수 있게 됩니다. 노동자들은 최저임금 인상의 혜택을 받지 못하고 2017년과 거의 같은 액수의 임금을 받게 됩니다. 그런데 물가는 오르기 때문에 임금의 실질적 가치는 하락하게 되어 오히려 임금이 깎이는 상황에 놓이게 됩니다.

상여금을 최저임금에 산입시키는 행위는 노동자들에게 불리한 조치입니다. 대부분 상여금과 관련된 상황을 취업규칙에 규정해 놓는데, 상여금을 최저임금에 산입하는 경우 취업규칙 불이익 변경에 해당되어 과반수 노동자의 동의를 얻어야 합니다. 그런 과정이 없으면 불법이지요. 그런데 상상해 보십시오. 일하면서 취업규칙을 보신 분이 몇 명이나 될까요? 이 책을 읽고 내일 당장 취업규칙 보여 달라고 말할 수 있는 독자는 얼마나 되겠습니까? 한국에서는 취업규칙 보는 것 자체가 위험한 행위가 됩니다. 또 취업규칙이 바뀔 때의 모습을 보면, 직장 상사가 그냥 서명하라고 하는 경우가 많습니다. 무슨 내용인지도 모르고 서명하는 경우가 많을 뿐만 아니라 불리한 내용이라 하더라도 눈치가 보여 홀로 반대할 수 없습니다.

취업규칙이 있는 회사의 경우는 용기 있는 한 명이 있다면 싸워볼 수도 있습니다. 하지만 취업규칙은 10인 이상의 사업장일 경우에만 신고 의무가 있습니다. 10인 미만 사업장의 경우는 대응 자체가 힘듭니다. 이에 맞서려면 사업장에 노동조합이 활성화되어 있거나 최소한 노사협의회라도 제대로 운영이 되어야 합니다. 그런데 대한민국 노동조합 조직 비율은 10% 남짓입니다. 노사협의회는 상시 30인 이상 사업장에만 설치 의무가 있습니다. 결국 노조가 없는 소규모 사업장은 대응할 힘이 없는 것이지요. 이것은 최저임금 액수 때문이 아니라 사업장 내에 노동자들의 자치권이 없기 때문에 발생하는 문제입니다.

상여금을 최저임금에 포함시키는 것 외에도 식대를 최저임금에 산입하는 경우도 있습니다. 식대는 임금이 아니라 복리 성격을 가진 것으로 임금에 포함할 수 없습니다. 회사가 식당을 하나 잡아 식사를 제공하거나 식권으로 주는 경우를 상상해 보면 이해가 쉽습니다. 식권이나 밥은 임금이 아니지요.

하지만 상여금이 최저임금에 산입되는 것을 마냥 반대하기에는 꺼림칙한 구석이 있습니다. 왜냐하면 노동시간 단축과 안정적인 소득을 위해서는 기본급의 비율을 높이고 이상한 수당들을 없애는 것이 좋기 때문입니다. 많은 노동자들이 받는 최소한의 임금이 상향 평준화된다면, 노동시장 내의 임금 불평등도 해소할 수 있습니다. 이것은 한국 노동시장의 임금체계에 대한 새로운 합의가 필요한 부분입니다.

상여금의 산입을 고려해 볼 수 있는 경우가 있습니다. 바로 최저임금의 제대로 된 상승입니다. 시간당 1,060원, 월 22만원 정도의 인상 때문에 상여금을 기본급에 넣는다는 건 노동자에게 확연히 불리한 조치입니다. 만약 최저임금이 1만원이 되어서 월 209만원의 소득이 보장된다면, 상여금의 최저임금 산입을 고려해 볼 수 있습니다. 중요한 것은 실질적인 임금이 생계비에 필요한 만큼 상승하는 것이기 때문입니다.

쟁점 4. 임대료의 해결책, 토지보유세

많은 영세자영업자는 장사하기 어려운 이유로 높은 임대료를 꼽고 있습니다. 임대료가 황당할 정도로 오르는 경우가 많습니다. 2018년 1월, 서촌에 있는 OO족발이라는 식당 앞에서는 용역 깡패들과 시민들이 대치하는 장면들이 자주 발생합니다. 식당 건물의 주인이 바뀌었는데, 보증금을 3천만원에서 1억으로, 월세를 294만원에서 1,200만원으로 올릴 것을 요구했습니다. 사장님은 부당하다고 생각했겠지요. 그래서 건물 주인은 용역 깡패를 동원해 족발집 사장님을 쫓아내려고 했고, 분개한 시민들이 이를 저지하기 위해 실랑이가 벌어진 겁니다. 상상이나 될지 모르겠습니다. 갑자기 7천만원의 목돈도 목돈이지만, 매달 900만원을 더 내라고 하는 게 가당키나 한 일이겠습니까? 최저임금 인상분 22만원은 아무것도 아닙니다.

이런 사실을 문재인 대통령도 잘 알고 있습니다. 2018년 1월 국무회의에서 최저임금과 관련해 다음과 같이 이야기합니다. "영세사업자들에게 임금보다 더 큰 압박을 주고 있는 상가 임대료 부담을 낮추기 위한 대책들을 조속히 추진해 주시기 바랍니다." 이때 손을 봐야 하는 법이 「상가임대차보호법」입니다. 실제로 현재 이 법을 개정해 임대료 상승을 5%(기존 9%) 이하로 제한하고 상인들의 계약 갱신권을 5년에서 10년으로 늘리려 하고 있습니다. 마음대로 계약을 해지하고 쫓아내지 못하게 하려는 것이지요. 그런데 「상가임대차보호법」에는 치명적인 허점이 있습니다. 법의 보호를 받을 수 있는 자격이 일정한 보증금과 월세 이하여야 한다는 겁니다. 이걸 환산보증금이라고 하는데, 다음과 같이 계산하면 됩니다.

환산보증금 = 보증금 + (월세 × 100)

예를 들어 보증금 1억원에 월세 200만원인 상가가 있다면 환산보증금은 3억원이지요. 「상가임대차보호법」은 이 환산보증금액 기준을 정해 그 이하의 상가는 보호하고 이 기준을 초과하면 보호하지 않습니다. 가령 3억원이 기준이라면 보증금 1억원에 월세 200만원인 상가는 법에 따라 임대료가 5% 이하로 오르도록 보호받을 수 있습니다. 하지만 5% 이상 오른 다음에는 환산보증금 기준이 3억원 기준을 초과하기 때문에 건물주는 마음대로 임대료를 상승시킬 수 있습니다. 그래서 정부는 이 환산보증금의 기준을 높이겠다고 계획합니다.

그런데 이와 관련된 절망스러운 이야기가 나옵니다. 2018년 1월 10일, 서울고용노동청 근처의 한 식당에서 청와대 일자리수석과 고용노동부 비서관, 서울고용노동청장 등이 참여한 최저임금 간담회가 개최됩니다. 여기에 소상공인과 노동자들이 참여합니다. 저 역시 초대를 받아 참가했는데, 소상공인 측에서 이렇게 이야기하는 겁니다. '정부가 각종 규제를 발표하니깐 계약이 끝난 건물주들이 이 법에 걸리지 않으려고 미리 고액으로 계약하려고 해서 이미 상가비가 뛰었다.' 정부 정책은 실제로 발표하고 시행하기까지 몇 달의 시간이 걸립니다. 이 시간 동안 건물주들이 손을 쓰는 것이지요. 이런 걸 알려면 정치에도 관심이 많아야 하고 정보도 많아야 합니다. 시간이 많아야 가능하지요. 돈이 많으면 전문가들이 알아서 재산에 손해가 가지 않게 일을 해 주겠지만 말입니다.

사실 정부가 부동산 가격을 통제하려는 시도는 늘 실패했습니다. 부동산을 소유한 사람들의 저항이 워낙 컸기 때문입니다. 막말로 정부 임기는 5년이고, 건물주들은 땅과 건물을 평생 가지고 있다가 대를 이어서 물려줍니다. 이를 도와주는 세무사, 부동산중개인들도 붙어서 온갖 꼼수를 부리지요. 그래서 소유 자체에 대한 접근 없이는 문제 해결도 힘듭니다.

보유세 도입을 생각해 보아야 합니다. 토지를 소유하면 불리하게 만드는 것이지요. 건물은 그래도 원가가 있습니다. 그것을 건설하는 데 드는 노동자들의 땀과 원자재 가격 등이 건물의 가치를 형성합니다. 그런데 건물의 가치는 이 건물 원가가 결정하지 않습니다. 바로 땅값이 건물의 가치를 좌우합니다. 동네가 뜨면 아무리 허름한 건물이라도 집값이 뛰지요. 보통 부동산 가격의 3분의 1정도가 땅값입니다. 땅값이 엄청나게 뛰는 곳은 3분의 2를 넘는 경우도 있지요. 서울의 노른자 땅에 있는 건물은 건물 가격은 우습고 토지 가격이 대부분입니다. 모 유명 연예인이 구입한 280억짜리 건물은 토지 값이 230억원을 차지하는 경우도 있습니다. 이렇듯 핵심은 땅입니다. 실제로 2015년 한국의 토지 가격은 국내총생산GDP 대비 4.2배로 경제협력개발기구 OECD 회원국 가운데 가장 높습니다(「부동산 불로소득 연 482조원」, 『경향신문』 2018년 1월 18일). 2015년 실현된 부동산 자본이득과 부동산 임대소득을 더한 금액은 482조원으로 GDP의 31%입니다. 부동산 자본이득이란 부동산을 사고파는 과정에서 발생한 소득입니다. 흔히 집값이 올라 팔 때 발생하는 이득이지요. 그런데 이 땅의 가치는 전체 사회가 함께 만듭니다. 그 지역이 유명해지는 것은 사람들이 몰려들기 때문이지요. 사람들이 몰려드는 이유는 고유의 문화를 창조할 때, 개발이 될 때 등 다양합니다. 홍대에는 '홍대 피플'이 만든 문화가 있지요. 학군도 한 개인이 만드는 게 아니라 사회 전체가 형성하는 겁니다. 이 가치를 소수가 소유해서 모두 가져가는 것은 부당합니다.

보유세를 매겨서 토지를 소유하는 것을 불리하게 만들어 매물로 내놓게 합니다. 이를 국가가 매입하고 토지를 공유화합니다. 그리고 여기서 나오는 임대 수익을 국민 전체를 위해 사용하거나 주거 복지를 위해 사용합니다. 이는 1,500조에 이르는 가계부채를 해결하는 방법이기도 합니다. 가계부채의 대부분이 주택담보대출인데, 채권 중 토지에 해당하는 부분을 국가가 매입해서 토지 부분을 국유화하고 빚을 진 국민들은 갚아야 할 빚의 부담을 줄입니다. 그 대신 집을 소유하는 것이 아니라 토지분에 대한 임대료를 국가에 저렴하게 납부하면서 삽니다.

사실 엄청나게 급진적인 이야기이지만, 이를 100년간의 통계와 경제학 논리로 설명한 게 『21세기 자본』의 저자 피케티입니다. 자산소득이 노동소득은 물론 경제성장률보다 높아진다는 것이 자본주의체제에서 전 세계적으로 벌어지는 현실이라는 겁니다. 그러니깐 땅과 주식 등 자산을 소유하는 것이 일하는 것보다 현명한 방법이며 이 소유를 한 사람에게 부가 집중된다는 겁니다.

쟁점 5. 노조의 힘 강화, 근로감독의 강화

최저임금이 올라도, 상대적으로 힘이 강한 사장님들이 온갖 꼼수를 부릴 경우, 대항력이 없는 노동자들은 속수무책으로 당할 수밖에 없습니다. 얼마 되지도 않았던 상여금을 최저임금에 산입해서 임금을 하나도 올리지 않거나, 교통비와 식비를 없애 버리거나, 휴게시간을 늘려 임금을 삭감하는 방식 따위가 수법입니다.

맥도날드 라이더들은 이전에는 최저임금보다 50원 높게 시급을 받았는데, 2018년부터 그 50원을 없애 버렸습니다. 이런 것들은 근로조건이 바뀌는 것으로 10인 이상 사업장이라면 취업규칙 변경에 해당됩니다. 인터넷에서 취업규칙 불이익 변경으로 검색을 해 보니 충격적인 내용의 포스트도 발견할 수 있었습니다.

"취업규칙은 근로계약서의 내용을 심화시키고 없는 부분에 대한 자세한 규칙을 만들 수가 있다. 누가? 고용주가. 이 말인즉슨 근로계약서는 개별 근로자와 일일이 합의를 해야 성립이 되지만 취업규칙은 고용주가 일방적으로 정할 수 있다. 게다가 분쟁 시 근로계약서보다 우선시된다. 예를 들면, 근로계약서에는 상여금을 400%라고 명시되어 있더라도 취업규칙에서 100%라고 규정한다면 회사는 취업규칙에 따른 지급 의무만 가지게 된다." (〈취업규칙에 꼭 들어가야 하는 내용〉, XX 노무법률센터)

사업주를 위한 전문 노무/세무 법률센터라고 자신들을 소개하는 사람들의 이야기입니다. 실제로 기존 노동자들이 취업규칙 불이익 변경에 동의하지 않는다 하더라도 기존 노동자들에게만 변경된 내용이 적용되지 않을 뿐, 취업규칙 자체는 변경된 걸로 봅니다. 그래서 신입사원은 변경된 내용의 적용을 받습니다.

노동조합이 활성화되어 있는 곳이라면 이런 일은 벌어지지 않을 겁니다. 하지만 대한민국의 노동조합 조직률은 10% 미만입니다. 게다가 노동조합 하면 감옥에 가거나 해고당한다는 인식이 팽배합니다. 실제로 민주노총의 한상균 전 위원장과 이영주 전 사무총장은 박근혜 정권 퇴진과 노동법 개악에 맞선 집회를 개최했다는 이유로 구속됐습니다. 이후 촛불을 든 시민들에 의해 이들의 주장이 틀리지 않았다는 것이 밝혀졌음에도, 노동조합운동을 했던 사람은 여전히 감옥에 있게 됩니다. 촛불은 광장에서만 타오르고 민주주의는 사업장 앞에서 꺼지게 됩니다. 사업장에서 타올라야 할 노조는 위험한 것이 되지요. 누가 나서서 노조를 하고 옳은 소리를 하고 싶겠습니까?

최후의 보루로 국가가 있을 수 있습니다. 하지만 대한민국의 근로감독관은 극한 직업 중 하나입니다. 대한민국 근로감독관은 1,000명도 안됐다가 문재인 정권 들어서 800명 충원을 계획하고 있습니다. 그런데 이걸로는 턱도 없습니다. 2015년 6월 기준 대한민국 전체 사업장은 1,752,503개이고 노동자는 15,339,865명입니다. 한 명의 근로감독관이 관리하는 사업장은 1,758개, 노동자는 15,386명입니다. 이러다보니 제대로 된 근로감독이 될 리가 없죠. 근로감독관들은 과중한 업무로 인해 사건을 제대로 살펴볼 여력도 없고 불친절해집니다. 또 근로감독관은 「근로기준법」뿐만 아니라 「최저임금법」, 「남녀고용평등과 일·가정 양립 지원에 관한 법률」, 「진폐의 예방과 진폐근로자의 보호 등에 관한 법률」부터 「노동조합 및 노동관계조정법」까지 무려 16개의 법률을 다룹니다. 시시각각 새로운 대법원 판례들이 나오기 때문에 일일이 새롭게 공부해야 합니다. 그런데 이들이 전문가들도 아닙니다. 공무원으로 들어왔다가 근로감독관에 배정되는 것이기 때문에 노동법 자체를 모르는 경우도 많습니다.

최저임금을 통한 경제개혁과 노동시장 구조조정에서 사업장 내 노동자들이 대항력을 가지는 것은 매우 중요합니다. 최저임금 인상의 목적이 노동자들의 이익을 위한 것인데, 정작 이들이 불리해지는 결과를 낳는다면 더 큰 좌절을 느낄 수밖에 없습니다. 최저임금 인상에 대한 기대가 실망으로 바뀐다면, 사람들은 묵묵하게 주는 대로 시키는 대로 사는 게 좋다는 교훈을 얻어갈 겁니다. 익숙한 삶의 교훈이지요. 이를 위해서는 노동조합의 권한을 높이고 노사협의회를 활성화시켜야 합니다. 특히 사각지대에 놓인 30인 미만 사업장의 노동자들이 스스로의 목소리를 낼 수 있도록 해야 할 것입니다. 또 근로감독관을 4,000명이나 5,000명으로 확대하고, 노동시민단체에도 근로감독의 권한을 주어 스스로를 보호할 힘이 없는 노동자들을 지원해 줘야 합니다.

최저임금 구조조정, 노동자의 희생이냐 경제개혁이냐?

사실 최저임금에 대한 공격은 200원이 오르든 500원이 오르든 똑같이 이루어져 왔습니다. 영세자영업자 몰락, 물가 상승, 고용 감소 등 논리도 똑같았지요. 실제의 임금 상승과는 상관없는 정치적 공세였습니다.

이번에 달라진 것은 시기입니다. 보통 최저임금과 관련된 기사가 집중되는 시기는 본격적인 협상이 시작되는 6월부터입니다. 최저임금이 바뀌는 1월에는 올해부터 최저임금이 인상됐다는 정도의 기사 몇 개가 나오고 말았습니다. 이번엔 달랐습니다. 최저임금에 대한 공격은 2017년 12월부터 2018년 1월까지 끊임없이 계속됐습니다. 언론, 정치인, 재계가 합심하여 포격을 날립니다. 그래서 최저임금은 모든 문제의 원흉이 됐습니다. 기계에 의한 인력 대체도, 늘 올랐던 물가도 최저임금 때문이 됐지요.

통상 6월에 시작되던 최저임금 갈등이 1월에 시작된 것입니다. 만약 이런 공세를 통해 2019년 최저임금을 500원 인상 정도로 막는다면, 최저임금은 2년 동안 1,500원, 1년에 750원 오른 것에 불과하게 됩니다. 그리고 그 다음 해에도 500원 인상으로 막는다면 3년에 2,000원, 1년에 660원 인상 정도에 그치게 됩니다. 최저임금 인상을 막고 그 효과를 상쇄시켜 버리는 겁니다. 2020년까지 최저임금을 1만원으로 만들겠다는 정권이 공약을 지키기 위해서는 아마도 1년 365일 최저임금 싸움을 벌여야 할 것 같습니다. 보통 우리는 노동자들의 해고에 맞서, 잘못된 정책에 맞서 저항하는 수동적인 싸움을 해 왔습니다. 이번에는 반대입니다. 재계가 최저임금 1,060원 인상 때문에 저항을 하고 있는 중이지요.

그런데 사용자들과 보수 언론의 논리가 너무 서글픕니다. 먹고살기 힘들어서 최저임금을 올리자고 하면 오히려 피해를 본다는 기사들을 보고 노동자들이 할 수 있는 것은 묵묵히 주는 대로 받고 싼값에 일하는 것뿐입니다. 노예가 되라고 말하는 겁니다. 다행히도 우리는 이 나라가 민주공화국이면 이 나라의 주권이 국민으로부터 나온다는 사실을 헌법에서뿐만 아니라 광장에서 확인하지 않았습니까? 이 주권이 우리가 일하는 가게 앞에서 멈출 필요는 없습니다.

역사적으로 이런 극심한 갈등이 벌어진 순간이 있습니다. 87년 노동자대투쟁이 그랬습니다. 노동자들이 저임금과 비인간적인 대우를 참고 살다가 노조를 만들고 임금을 급격히 상승시킨 순간이었습니다. 급격히 상승되긴 했지만, 그 이전이 처참할 정도로 낮은 임금이었다고 말하는 것이 옳습니다. 따라서 임금을 정상화시켰다고 말하는 것이 적절할 겁니다. 당연히 나라는 망하지 않았습니다. 그리고 97년 'IMF 외환위기' 때는 304억달러의 부채 때문에 기업이 망하고 경제가 파탄 났습니다. 당시 정부는 허리띠를 졸라매자 했는데, 국민들은 허리띠를 졸라매다 못해 금까지 토해 냈습니다. 반면, 대기업과 은행에는 수십조의 세금이 수혈됐고 노동자들은 해고됐습니다. 정부와 언론, 기업은 늘 구조조정을 입에 달고 살았지요. 구조조정의 결과, 경제를 파탄 낸 기업들은 살아나고 노동자들은 죽었다가 비정규직과 영세자영업자로 다시 태어납니다. 대기업과 나라의 빚은 어느새 1,500조의 가계부채로 바뀌었습니다. 나라는 망하지 않았습니다.

그리고 2018년 최저임금을 둘러싼 극심한 갈등이 벌어지고 있습니다. 여기서 우리가 주목해야 할 것은 최저임금 액수만이 아닙니다. 최저임금을 불쏘시개로 그동안 하지 못한 경제개혁을 할 수 있는가가 더 중요한 문제입니다. 이번엔 우리가 구조조정을 하는 것이지요. 마침『조선일보』가 첫 구조조정의 대상을 밝혀줬습니다. 2018년 1월 11일의「기자수첩」은「4대보험 좋은 줄 누가 모르나 … 알바생 절박함 외면하는 고용부」라는 제목입니다. 4대보험 가입 조건 때문에 영세사업장에 대한 월 13만원의 인건비 지원이 무용지물이라고 보도했습니다. 알바도 4대보험을 원하지 않는다는 겁니다. 그런데 알바가 보험을 원치 않는 이유가 바로 벼룩만 한 월급에서 간을 빼 먹히는 느낌이 들기 때문 아니겠습니까? 게다가 노동자들은 보험료를 낸 기억은 있어도 보험금을 받은 경험은 없습니다. 산재 은폐가 횡행하고 근로계약서도 안 쓰는 노동환경에서 산재 신청을 말할 수 있는 노동자는 없습니다. 게다가 4대보험을 타는 것 자체를 비난하는 분위기도 있습니다. 산재 신청을 하러 가면, 공단에는 허위로 산재보험금을 타는 사람에 대한 공격과 그런 사람을 신고하라는 안내문이 걸려 있습니다. 실업급여도 마찬가지지요. 실업급여 안내 교육의 주요 내용이 허위로 급여를 타는 것에 대한 경고입니다. 그리고 빨리 취업하라고 합니다. 내가 낸 보험료가 있어 보험금을 타는 건데, 죄를 지은 것 같습니다. 의료보험의 혜택은 병원 진료를 받고 영수증을 보면 바로 알 수 있습니다. 국민연금은 말이 많지만, 알바나 비정규직노동자가 따로 돈을 모아 노후를 준비하는 것은 여간 힘든 일이 아닙니다. 그나마 국가의 연금이 노후 보장의 유일한 수단이지요. 기업의 이익을 우선하는 삼성 같은 사보험의 연금이 국가가 보장하는 연금보다 좋을리 없습니다. 국민연금이 문제가 되는 부분은 보험료가 아니라 오히려 소득재분배의 효과지요.

이렇게 중요한 4대보험이지만, 학교에선 4대보험은커녕 노동법조차 가르치지 않아 국민들이 보험의 유용성을 알기 어렵고, 복잡한 절차와 심사는 신청 자체를 어렵고 두려운 일로 만듭니다. 오죽하면 4대보험을 보험이 아니라 세금이라 생각하겠습니까. 해야 할 일은 실업급여와 산업재해를 신청하는 조건과 절차를 간소화하고 혜택을 늘려 노동자들의 보험금 수령 경험을 늘리는 겁니다. 4대보험에 가입하지 않는 것은 불법인데도, 주요 일간지가 불법을 옹호하는 것은 이 나라에서 노동자들의 처지가 얼마나 바닥에 있는지를 보여 줍니다. 노동자에게 저지르는 불법은 이해해 줘야 한다는 것이지요. 이왕 말이 나온 김에 말하자면, 각종 불법과 탈법의 온상인 노동시장을 바로잡고 노동자들을 돕기 위해 노동조합의 권리를 확대하고 근로감독관을 과감히 늘리는 것이 필요합니다.

프랜차이즈 본사의 전횡을 막고, 가맹점 노동자의 임금 체불이나 「근로기준법」 위반에 대한 본사 책임도 강화해야 합니다. 체불임금을 본사가 일단 지급하고 이후 본사와 가맹점주가 정산하는 방식을 상상해 볼 수 있습니다. 모든 사업장에 노사협의회를 설치해 노동자가 사장과 대화할 수 있는 창구를 만들고, 본사-점주-노동자의 3자교섭권을 보장해 노동자의 권리를 확대하는 방안도 있습니다. 여기서 을과 병의 관계인 점주와 노동자가 갑인 본사에 대항해 연대할 수 있습니다. 사장님 사정을 누구보다도 잘 아는 알바노동자가 최저임금 이하의 임금을 받는 것을 선택하는 게 아니라 본사에게 너무 많이 가져가지 말라고 주장하는 겁니다.

저는 이것을 '최저임금 구조조정'이라 부르고 싶습니다. 1,060원 때문에 또다시 노동자에게 칼을 겨눠 해고하고 상여금을 없애는 구조조정을 할 것인가? 아니면 대기업과 부자들에게 칼을 겨눠 4대보험 일자리를 늘리고 임대료를 잡고 본사의 갑질을 없애며 사회안전망을 갖춰 건강한 경제 생태계를 구축할 것인가? 지금이야말로 우리가 그동안 회장님과 정부에게 들었던 말을 되돌려줄 때입니다. "구조조정에는 희생이 따릅니다. 허리띠를 졸라매십시오."

'최저임금 삭감법'의 등장

이 책을 마무리 하고 있는 와중에 역사적인 노동법 '개악'이 이루어졌습니다. 앞서 살펴 본대로, 2018년 1월 1일부터 최저임금이 7,530원이 되면서 상여금과 식대 등을 최저임금에 산입해서 임금 인상을 억제하려는 여러 시도들이 있었습니다. 취업규칙 불이익 변경으로 불법이었지만, 이것을 허용하는 법안이 5월 28일 통과되었습니다. 정말 복잡하지만, 상당히 중요한 내용이기 때문에 꼭 살펴보아야 합니다.

먼저 법안의 내용을 보겠습니다. 상여금은 최저임금의 25%, 복리후생비는 최저임금의 7%를 초과하는 부분에 대해서 최저임금에 산입할 수 있게 됐습니다. 너무 복잡합니다. 간단히 설명해 보겠습니다. 올해 최저임금을 기준으로 39만3442원(월 최저임금 157만3770원의 25%)을 넘는 상여금을 받는 사람들과 11만 163원(월 최저임금의 7%)을 넘는 식비를 받는 사람들의 월급이 삭감될 수 있습니다. 이것도 사실 복잡하니깐, 위의 기준액을 반올림해서 40만원 넘는 상여금과 11만원 넘는 식대나 교통비 등의 복리후생비를 받는 노동자들의 임금을 한 번 계산해 보겠습니다.

상여금 50만원, 식대 20만원을 포함해 월급 210만원을 받는 노동자가 있다고 칩시다. 기본급은 140만원에 불과합니다. 「최저임금법」 위반입니다. 올해 월 최저임금이 약 157만원이니깐, 상여금과 식대를 합쳐서 월급을 227만원을 받아야 합니다. 하지만 바뀐 법으로는 위반이 아닙니다. 회사는 이 노동자의 상여금 중 10만원을 최저임금에, 식대 20만원 중 9만원을 최저임금에 넣어서 계산할 수 있습니다. 그렇게 되면 최저임금이 159만원이 되어 법 위반이 아닙니다. 여기서 문제 하나가 더 있습니다. 추가근로수당을 계산할 때 사용하는 통상임금에는 복리후생비가 들어가지 않습니다. 그래서 야간수당을 계산할 때는 기본급 140만원을 기준으로 계산해야 합니다. 월급을 시급으로 환산하면 6,698원(140만원/209시간) 정도 됩니다. 2018년 최저임금 7,530원보다 낮은 금액으로 야간수당이나 연장근로수당을 지급해도 되는 겁니다. 문제는 이것뿐만이 아닙니다.

만약 최저임금이 9,000원이 됐다고 생각해 봅시다. 월 최저임금은 약 1,881,000원입니다. 그러면 이 노동자의 임금은 상여금 50만원과 식대 20만원을 합쳐 2,7881,000원이 되어야 합니다. 기본급만 따져도 157만원에서 31만원이 늘어나야 하지요. 그런데 개정된 법으로 산입을 해 보겠습니다. 상여금은 최저임금의 25%인 약 47만원을 초과한 3만원을 기본급에 넣어서 계산할 수 있습니다. 식대는 최저임금의 7%인 약 13만원을 초과한 7만원을 기본급에 넣어서 계산할 수 있습니다. 즉 최저임금인상액 31만원을 21만원으로 막을 수 있는 겁니다. 그래서 이 노동자의 임금 2,7881,000원을 2,6881,000원으로 삭감할 수 있는 겁니다.

여기까지만 읽어도 머리가 아픕니다. 저도 글을 쓰면서 왜 이렇게 어렵게 말을 하고 있는지 더 쉽게 설명할 수는 없는지 자괴감이 듭니다. 왜 이렇게 복잡하게 만들었을까요? 국회의원들의 설명에 따르면, 연소득 2,500만원 미만 노동자들의 상여금과 복리후생비를 건드리지 않기 위해 그런 기준을 마련했다고 합니다. 상여금은 40만원까지, 식대는 11만원까지 받는 노동자들의 임금은 건드리지 않는다는 것이지요. 이게 월급으로 치면 208만원이고 이걸 12개월로 곱한 연봉이 바로 2,496만원입니다. 그런데 여기서 한 가지 질문을 하고 싶은 게 있습니다. 월 1149만원 받는 국회의원들의 눈에는 연봉 3,000만원, 4,000만원 정도 받는 노동자들의 임금이 그렇게나 많아 보이나요? 국회의원들의 한 달 임금을 받기 위해서 최저임금노동자들은 8개월을 일해야 합니다. 1,000만원을 만들기 위해 30일을 보내야 하는 사람과 240일을 보내야 하는 사람의 시간과 공간은 다를 수밖에 없습니다.

게다가 애초 최저임금 산입 문제의 발단이었던 영세자영업자들의 최저임금 부담 줄이기와 복잡한 임금체계를 바로 잡는다는 명분도 사라졌습니다. 영세자영업자들은 원래 노동자에게 식대나 상여금을 거의 주지 않았는데, 25%와 7%의 복잡한 숫자와 계산은 임금체계를 더 복잡하게 만들어 버렸습니다. 게다가 이 숫자는 2024년에는 완전히 사라져서, 상여금과 식대를 마음대로 최저임금에 넣어 버릴 수 있습니다.

'최저임금 삭감법'의 부작용

여기서 중요한 것은 이 개정안이 불러올 부작용입니다. 특히 연봉 2,500만원 미만의 저임금노동자들에게 재앙입니다. 최저임금과 알바 이야기를 하면 항상 등장하는 편의점을 봅시다. 편의점은 최저임금과 주휴수당을 안 지키기로 유명한 사업장이라 임금 체불 사건이 많습니다. '최저임금을 왜 안 주느냐' 알바노동자가 물으면 사장님이 꼭 이야기하는 게 '너 폐기(유통기한 지난 도시락) 먹었잖아' 입니다.

어차피 버릴 음식을 자기 배에 버린 알바노동자들이 순간 도둑놈으로 몰리는 겁니다. 2018년 충북에서는 알바노동자가 최저임금을 요구하자 사장이 봉투 값을 내지 않았다며 경찰에 신고해 조사를 받는 사건이 일어났습니다. 이 일로 사장은 전국적인 지탄을 받았습니다. 이제 「최저임금법」이 통과되어 사장님은 알바를 절도로 신고할 필요가 없습니다. 식대까지 합쳐서 최저임금을 주고, 점심과 저녁은 폐기 도시락을 사 먹으라고 하면 그만입니다. 어차피 편의점 알바노동자들은 가게를 비울 수 없어, 카운터 한쪽 구석에서 도시락을 까먹어야 하기 때문입니다.

오늘 주휴수당 미지급 건 문제로 노동청 소속 조정관 님과 얘기를 하면서 진행하였는데 사장이 말하길, 기본은 5,580원인데 주휴수당 포함해서 6,000원 준거다, 라고 말을 했다고 합니다. 하지만 저는 주휴수당 포함해서 6,000원을 주겠다고 말한 걸 들은 적이 없습니다. 애초에 고용계약서도 안 썼는데 무슨 말입니까 저게? 그리고 고용계약서에도 써 있는 걸 보니까 주휴수당은 지급한 식대를 제외한 나머지 금액을 지급한다, 라고 적혀 있기도 했고, 또한 저는 식대를 잘 쓰지도 않아서 일평균 1,500원 정도입니다. 그리고 정상임금보다 12만원을 과입금했다고 합니다. 아무튼 조정관이 말하길 못 받을 가능성이 크다, 라고 말씀을 하셨는데 이 경우 저는 받을 수가 없는 건가요?

알바상담소에서 운영하는 네이버 카페에 올라온 상담 사례입니다. 「최저임금법」 개정안이 통과되기 전에도 이미 알바노동시장에서는 사장님들이 최저임금에 각종 수당을 산입하고 있었습니다. 불법이지만 소용없습니다. 사장님들은 자신의 기분에 따라 소고기를 사주거나 명절 선물을 사준 것, 남은 빵 가져 간 것도 임금에 포함시키려고 합니다. 고시원 총무 알바의 경우는 방을 하나 주고 고시원을 관리하게 하는데, 방값을 최저임금에서 뺍니다. 그러면서 방도 주고 쉬엄쉬엄 일하게 했는데 무슨 최저임금이냐고 역정을 내는 경우가 다반사입니다. 이주노동자들의 경우 공장 컨테이너나 비닐하우스에서 일하는 경우가 많은데, 열악한 환경에서 주거하면서도 과도한 숙박비를 내고 있는 경우가 많습니다.

이런 와중에 식대와 숙박비가 최저임금에 산입됐다는 소식이 알려졌으니 '7%의 조건 조항'보다는 '식대 포함'이라는 말이 통용될 가능성이 높습니다. 꼼수도 판칠 것입니다. 주로 현물로 식대를 주는 요식업에서 현금 지급으로 식대를 전환하고 자기 가게에서 구매해서 먹으라고 할 수 있습니다. 실제 2014년, 중국집 프랜차이즈에서 알바를 하던 알바노동자가 근로계약서를 달라고 했다가 곤란한 상황을 당했습니다. 늘 점심을 함께 먹던 사장이 갑자기 점심 값을 받아야겠다고 한 것입니다. 사장은 웃으며 농담처럼 말했지만 그 알바노동자는 웃으며 자장면을 먹을 수 없었습니다. 결국 노동자는 해고됐습니다.

이런 식의 노동법은 많습니다. 가령 수습 기간의 경우, 1년 이상의 근로계약을 맺을 경우에 한해 최저임금의 90%로 최대 3개월까지 지급하는 것이 가능합니다. 사람들은 보통 '수습 기간 적용 가능'만 기억합니다. 이게 법이 바뀌었습니다. 2018년 3월 20일부터 편의점, 식당 같은 비숙련 업무의 경우에는 수습 기간을 적용해 최저임금을 깎을 수 없게 됐습니다. 이 법이 잘 시행되고 있는지 궁금해서 동네 편의점에 들렀다가 알바노동자에게 수습 기간이냐고 물어봤습니다. 대답은 '그렇다'였습니다.

만약 이 모든 법을 알고 있는 알바노동자들이 사장을 노동청에 신고한다 하더라도 간단하게 임금을 받을 수 있는 게 아닙니다. 이런 소액 사건들은 처리하는 데 시간이 오래 걸리고, 위의 사례처럼 근로감독관들이 합의 처리를 종용하는 경우가 많습니다. 그래서 근로감독관의 태도에 실망하고 포기하는 알바노동자들이 발생하거나 원래 받아야 하는 임금의 50% 내지 30% 선에서 합의하는 경우도 다반사입니다. 사장 입장에서는 불법을 저지르고도 임금 할인을 받는 셈입니다.

근로계약서도 제대로 쓰지 않는 한국의 노동시장을 방치해 두고, 이런 식으로 각종 예외 조항만 늘리는 법 개정은 노무사들과 변호사들을 고용할 수 있는 사람들에게만 유리하게 작용할 게 뻔합니다. 이미 사측 노무사들은 계산기를 두드리고 있을 겁니다. 국회의원들은 지금 '참는 것이 이기는 것'이라 믿는 평범한 사람들의 임금을 손쉽게 빼앗아 가려고 합니다.

언뜻 보면 상여금은커녕 식대조차 받지 못하는 알바노동자들에게 최저임금 산입 범위 논의는 부러운 이야기일 수 있습니다. 그러나 각종 편법과 불법이 난무하는 우리나라 알바노동시장의 특성상 식대와 같은 비용이 최저임금에 산입되면 불법을 정당화하는 수단으로 사용될 가능성이 높습니다. 이런 꼼수를 쓰지 않는다 하더라도 2024년에는 어차피 복리후생비가 사라질 것입니다. 2018년 기준으로 롯데리아는 8천원 이하의 햄버거를 식사로 제공하고, 스타벅스는 월 6만5천원, 베스킨라빈스는 하루 3,000원, KFC는 월 3~5만 원 정도의 식대를 받습니다. 식대라고 하기 민망할 정도의 돈들이 사라집니다.

일부 노동단체들도 알바노동자들과 최저임금노동자들은 상여금과 식대를 안 받으니 이번 조치로 당장 손해 보는 건 없다고 생각하는 것 같습니다. 민주노총 트위터에는 다음과 같은 내용의 글이 올라왔습니다.

말씀대로 상여금과 복리후생수당이 없는 아르바이트노동자는 이번 최저임금 산입 범위 확대에 당장은 영향이 없습니다. 그러나 그분들도 영원히 알바를 하리란 법은 없고 그래서도 안 될 일입니다.

유감스럽지만 이 트윗 내용이 이 책의 주제이기도 합니다. 알바를 벗어나야 할 일자리로 보는 것이 아니라, 알바노동자의 존재를 인정하고 그 일자리의 조건을 향상시키는 것이 노동운동의 과제이지 않을까요. 이런 반응들이야말로 이번 「최저임금법」 개정의 영향입니다. 가장 큰 손해는 미래에 대한 꿈입니다. 사실 제가 일하는 직장에서도 상여금과 식대를 받고 싶었습니다. 매장의 동료들과 '햄버거 지긋지긋하니 식대 달라고 해 볼까' 라는 말을 많이 주고받았습니다. 이젠 이런 꿈을 가지고 주장하는 건 바보 같은 일이 되어 버렸습니다. 실현이 불가능하기 때문이 아니라 조삼모사가 되기 때문입니다. '알바 주제에 무슨 식대냐?' '알바 주제에 무슨 상여금이냐?' 모두가 이 말을 하고 있는 것입니다. 알바노동자의 자존감과 존엄을 삭감당한 것입니다.

박근혜의 꿈을 문재인 대통령이 이루다

또 하나의 문제는 최저임금제도의 원칙이 무너진 것입니다. 국회는 필요에 따라 언제든지 최저임금 산입 범위를 정할 수 있다는 예를 보여 줬습니다. 심지어 임금의 원칙보다는 정치적 이해에 따라 조정합니다. 숙식비만 포함될 필요가 어디 있겠습니까. 이번 일을 계기로 주휴수당도 포함하자는 논의로 확대될 수 있고, 업종별 지역별로 차

등을 주자고 주장할 수도 있습니다. 최저임금이 겨우 1,060원이 올랐는데 이를 무력화하기 위해 입법부가 나서 버린 겁니다.

최저임금제도는 상대적으로 힘이 강한 사장들이 자신들에게 유리하게 근로계약을 맺는 것을 방지하기 위해 도입된 법안입니다. 사장님들은 다른 노동자를 구하면 그만이지만 노동자는 지금 일자리를 구하지 않으면 소득이 없어 생존의 위협을 받기 때문입니다. 따라서 노동법은 노동자에게 유리하게 만들어지는 게 이상한 일이 아니라 법의 취지에 맞는 일입니다. 오죽했으면 헌법 제32조 1항에 최저임금 조항을 넣었겠습니까. 최저임금을 깎지 말라고 제정한 법률에 최저임금을 깎으라고 보장하는 조항을 넣는 것은 위헌적인 일입니다. 종종 사장님들은 노동자를 위한 법은 있는데 자신들을 위한 법이 없다며 불평하시곤 합니다. 그런데 이미 「민법」과 각종 법이 자유로운 개인들의 계약관계를 보장하는 법으로, 사장님들에게 유리한 법입니다. 자본주의사회에서의 개인의 자유는 돈의 유무에 따라 좌우되기 때문입니다. 돈만 있다면 자유롭게 모든 걸 구매할 수 있습니다. 이를 통해 발생할 부작용을 노동법 등으로 방지하고 있을 뿐입니다.

모순은 이뿐만이 아닙니다. 박근혜 대통령에 저항한 최초의 촛불은 노동 개악에 맞선 민주노총의 투쟁이었습니다. 이 사건으로 당시 한상균 민주노총 위원장이 구속됐다 출소했습니다. 이영주 사무총장은 아직 감옥에 있습니다. 노동 개악의 대표적인 내용이 쉬운 해고와 취업규칙 불이익 변경의 완화였습니다. 많은 사람은 미르재단과 K재단 등을 통해 재벌들에게 기부금을 받고 그 대가로 이 노동 개악을 밀어 붙였을 거라 의심합니다. 이후 촛불투쟁을 통해 이 지침은 폐기됩니다.

그런데 박근혜를 몰아낸 '촛불 정권'에서 박근혜의 꿈이 통과됐습니다. 그것도 최저임금을 불리하게 바꾸는 내용입니다. 절망적이게도 국회 입법을 통해서 법률로 만들어 버렸습니다. 박근혜 대통령도 감히 상상하지 못한 일입니다. 박근혜 정권은 2016년 1월 22일 이기권 고용노동부 장관의 행정지침 발표를 통해 노동 개악을 시도했을 뿐입니다.

식대 등의 복리후생비와 상여금을 최저임금에 산입하기 위해서는 취업규칙을 바꿔야 합니다. 그런데 노동자에게 불리한 내용의 취업규칙 변경을 단행할 때는 노동자 과반의 동의를 얻어야 합니다. 하지만 「최저임금법」 개정으로 노동자들의 동의는 필요가 없게 됐습니다. 동의 대신 의견 청취면 됩니다. 법적으로 의견 청취란 노동자의 의사를 반영하라는 의미가 아닙니다, 반대 의견이든 찬성 의견이든 들으면 그만이라는 의미입니다. 즉 무시해도 됩니다.

실제로 이번에 「최저임금법」이 통과되기 전에도 기타 수당과 상여금을 줄이는 온갖 꼼수들이 판을 쳤고 이에 대한 용기 있는 폭로와 고발이 이어졌습니다. 국회는 이에 대해 사업주를 처벌하는 것이 아니라 불법을 합법으로 만들어 버렸습니다. 박근혜 식 「최저임금법」이라 해도 손색이 없는 겁니다.

마침 문재인 대통령은 「최저임금법」 통과 이후인 5월 29일, 7월 1일부터 시행되는 노동시간 단축법이 우리 사회에서 충분히 감당 가능한 일이라고 말했습니다. 최저임금과 노동시간 단축은 긴밀히 연결되어 있지만, 문제는 문재인 대통령은 이를 거꾸로 적용시킨 것에 있습니다. 최저임금이 높아져 기본급 비율이 높아지면, 짧은 시간 일할 유인이 생깁니다. 그 대신 기본급을 낮추면 연장수당과 야간근로를 통해 추가 소득을 확보해야 하는 강제가 생깁니다. 주 5일제가 도입되기 전 경제가 망한다고 그 난리를 치던 기업들이 이 나라의 노동자들을 세계에서 가장 길게 일을 시킨 비법도 바로 낮은 최저임금에 있습니다.

'최저임금 1만원'을 외친 권문석은 이를 잘 알고 있었습니다. 그래서 최저임금 1만원과 노동시간 단축을 하나의 정책으로 생각했습니다. 또 하나 그가 '최저임금 1만원'과 함께 이야기한 대안이 있습니다. 바로 기본소득입니다. 최저임금 인상으로 인한 영세자영업자들과 저임금노동자들의 고용 불안에 대한 부작용을 증세를 통한 보편적 복지의 확대와 사회안전망 구축으로 해결하려고 했습니다. 이 길은 부자들의 저항이 극심한, 어려운 길입니다. 국회가 노동자들의 최저임금을 건드린 이유도 부자들의 저항보다는 노동자들의 저항이 견디기 쉬울 거라고 생각해서였을 겁니다. 문재인 대통령도 국가재정전략회의에서 최저임금 1만원이 2020년까지 달성되기 어렵다고 말을 보탰습니다.

저는 '최저임금 1만원'과 관련되어 기억해야 할 인물이 있다면, 문재인, 박근혜, 권문석을 꼽고 싶습니다. 박근혜 대통령은 최저임금 1만원을 처음 외쳤을 때 대통령이었던 인물로 최저임금 1만원 운동의 명백한 적이었습니다. 문재인식 최저임금은 교묘합니다. 이해하기도 힘들고 싸우기도 힘듭니다. 적어도 박근혜처럼 솔직했으면 합니다. 대통령으로서 최저임금 인상이 부담된다고 판단된다면 상여금 25%, 복리후생비 7% 같은 예외 조항을 만들어서 최저임금제도 자체를 누더기로 만들게 아니라, 차라리 내년도 최저임금을 동결하겠다고 말하는 게 맞습니다. 지금 연봉 2500만원 이하 노동자는 피해가 없다고 말하는 것은 노동자들 사이의 분열을 조장할 뿐이며 국민들을 속이는 것뿐입니다.

문재인 대통령은 여러 차례 '숙의 민주주의'를 강조한 바 있습니다. 이것이 통치의 수단이 아니라면, 그리고 최저임금 논쟁을 이상한 숫자 논쟁으로 만들고 싶지 않다면, 최저임금 인상이냐 아니냐로 명쾌한 토론의 장을 열어야 합니다. 차라리 국회에서 통과된 「최저임금법」에 대해서는 거부권을 행사하고, 어차피 청와대에서 임명하는 공익위원들을 통해서 동결이나 늘 하던 대로 500원 인상을 추진하는 게 맞습니다. 물론, 이에 대한 정치적 책임을 져야 합니다. 자신의 '최저임금 1만원' 약속을 지키지 못한 것을 인정해야 합니다. 올해 동결되면 지난해 1,060원 인상도 무력화됩니다. 1년에 500원 오른 거와 마찬가지기 때문입니다. 늘 올랐던 대로 올해 500원 정도 올려 8,030원이 된다 하더라도, 1년에 780원 오른 거에 불과합니다. 박근혜가 연임했어도 크게 다르지 않을 인상 속도입니다. 국민들에게 이 사실을 알리고 평가를 받으면 될 일입니다.

물론, 저는 우리 사회가 문재인 대통령의 최저임금이나, 박근혜의 최저임금이 아니라, 권문석의 '최저임금 1만원'의 길을 걸어야 한다고 생각합니다.

월급 계산하는 방법. 209를 기억하세요!

월급을 계산할 때, 1주일 가운데 5일 동안 매일 8시간 일했으니 1주일에 40시간 일한 것이고 한 달이 4주니까 160시간에다 시급을 곱하면 된다고 생각하는 분들이 많습니다. 그런데 월급을 계산할 때는 시급에 160이 아니라 209을 곱합니다.

먼저 주휴수당이라는 것이 있습니다. 근로기준법 제55조(휴일) 조항은 이렇습니다. "사용자는 근로자에게 1주일에 평균 1회 이상의 유급휴일을 주어야 한다." 주5일을 일하면 나머지 이틀 가운데 적어도 하루는 일하지 않아도 일한 것으로 쳐서 급여를 주어야 한다는 것입니다.

물론 단서가 있습니다. 1주일에 15시간 이상 일해야 한다는 것입니다. 어쨌든 주 40시간 일한 노동자의 월급을 계산할 때는 1주일에 48시간 일했다고 칩니다.

그런데 모든 달이 30일인 것은 아닙니다. 31일인 달도 있고, 2월은 28일이며, 심지어 29일인 해도 있습니다. 하지만 매달 일수를 따져서 임금을 주는 것이 복잡하므로, 1년을 기준으로 계산해 12로 나눈 금액을 월급으로 주기로 정했습니다.

1주일에 40시간 노동한 사람의 임금을 계산할 때의 하루 평균노동시간은 주휴수당을 포함하면, (40시간+8시간)/7이 됩니다. 여기에 365를 곱하고 이를 12로 나누면 월급을 계산할 때의 노동시간이 나옵니다. (40시간 + 8시간) ÷ 7일 × 365일 ÷ 12개월 ≒ 208.57시간입니다.

209라는 숫자는 이렇게 나온 것입니다. 살아가면서 꽤 여러 번, 어쩌면 달마다 마주칠 숫자이니 잘 기억하시기 바랍니다.

제5장

알바들의 유쾌한 반란

'최저임금 1만원'과 알바연대의 출범

2017년 문재인 대통령 후보가 '최저임금 1만원'을 공약하기 5년 전인 2012년, '최저임금 1만원'을 공약으로 내건 또 다른 대통령 후보가 있었습니다. 울산과학대에서 청소 일을 하던 김순자 후보입니다. 김순자 후보는 출마를 결심하는 자리에서, 조금 서글픈 이야기를 털어놓았습니다.

어느 날 화장실 청소를 하고 있는데, 다섯 살쯤 되어 보이는 어린이가 다가와서 말을 건넵니다. "아줌마는 공부 열심히 안 했어요?"

어린이의 이 한마디가 아마도 청소 노동자 김순자가 대통령 후보가 되어야겠다고 결심한 계기였을 겁니다. 우리 사회는 청소 일이 학교의 성적 경쟁에서 탈락한 사람들이 수행하는 형벌이라고 가르치고 있었습니다. 그래도 언제나 다른 생각과 희망을 가진 소수가 있기 마련입니다. 청소 노동자가 대통령에 도전하는 것에 많은 청년의 마음이 움직였습니다.

그렇게 20대와 30대로 구성된 김순자선거운동본부, 일명 '순캠'이 꾸려집니다. 순캠은 "최저임금 1만원", "온 국민 안식년 제도", "기본소득" 등의 공약을 제시했는데, 우리 국민들이 일은 엄청나게 많이 하면서도 소득은 적은 현실을 바꾸기 위한 대안이었습니다. '쉬고 싶다'와 '충분한 소득'이라는 얼핏 보면 충돌되는 욕망들을 유기적으로 결합시켜 정책으로 실현시키고 싶었습니다. 평범한 국민들과 달리 부자들은 이 두 가지를 모두 누리고 삽니다. 그리고 사람들은 부자가 될 수 있다는 작은 희망을 위해서 노예처럼 일하고 짠돌이처럼 안 씁니다. 역설적이게도 이 닿을 수 없는 꿈이 오히려 지금의 삶을 힘들게 만듭니다. 부자만큼은 아니더라도 최소한 주말과 저녁 시간에는 쉬면서 월 200만원 정도의 소득은 보장하자는 것이 순캠의 제안이었습니다.

『알바들의 유쾌한 반란』이 처음 나온 2014년만 해도 '최저임금 1만원'은 말도 안 되는 소리라고 무시 받았습니다만, 신기하게도 2017년 대선 과정에서 많은 후보의 공약이 됐습니다. 그리고 '최저임금 1만원'은 새 대통령의 정책이 됐습니다. 안식년 제도는 안희정 전 충남도지사가 민주당 대통령 후보 경선에 나서면서 내건 공약이었습니다. 기본소득은 이재명 성남시장이 25세의 청년들을 대상으로 부분적으로 진행하고 있습니다.

세상은 늘 혁신적인 생각을 하는 사람들에 의해 바뀌지만, 맨 처음 세상의 변화를 외치는 사람들은 몽상가로 무시받기 쉽습니다. 청년들은 선거운동 공약을 책상에서 짜지 않았습니다. 사실 선거운동은 핑계였고, 지금 우리 사회의 문제는 무엇이고 우리 사회에 필요한 일이 무엇인지를 알고 싶었습니다.

그래서 무작정 찾아간 곳이 야밤의 편의점이었습니다. 여기서 가장 큰 충격을 받은 만남이 이루어집니다. 대통령 후보가 누구인지 모른다는 알바노동자입니다. 노량진 고시원에서 살던 이 사람은 취업 준비생입니다. 학원비와 책 값과 생활비를 벌기 위해 야간에 일하고, 아침에 잠자고, 오후에 학원에 가서 공부하는 삶입니다. 시간의 틈이 보이지 않는 삶이었습니다. 그렇게 TV도 신문도 보지 않는다고 합니다. 정치와 민주주의가 비집고 들어갈 틈이 없었던 것입니다. 국민의 삶을 정치로 해결해 보고자 했던 순캠 청년들은 정치의 무대 위에 오르지 않은 또 다른 국민들을 발견하게 됩니다. 알바노동과 취업 공부, 그로 인한 경제적 궁핍과 시간의 빈곤은 민주주의의 근간을 흔들고 있다는 것을 깨달았습니다.

우리는 뭔가를 해야겠다고 생각했습니다. 이때까지만 해도 그게 무엇인지는 정확히 몰랐습니다. 앞서간 사람도, 이정표도 없었습니다. 그즈음 미국의 패스트푸드 노동자들이 최저임금 두 배 인상을 요구하며 시위를 벌였다는 소식이 들려왔습니다. 커다란 우군을 만난 기분이었습니다. 목표와 원칙은 분명했습니다. 최소한 열심히 일하면 생활비는 받을 수 있어야 한다는 생각, 그렇게 된다면 생계를 유지하기 위해 생활을 포기하는 시간을 줄이고 자기 삶을 위한 시간을 늘릴 수 있다는 생각. "최저임금 1만원"이라는 구호와 '비정규불안정노동자와 함께하는 알바연대'('알바연대')라는 조직이 탄생하는 순간입니다.

2012년 대통령 선거가 끝나고 단 한 명의 승자가 청와대에 갔습니다. 패배자들이 자리를 떠난 후, 희망을 버리지 않은 나이 지긋한 청소 노동자와 일군의 청년들이 청계광장으로 향합니다. 2013년 1월 1

일, 알바연대의 출범을 알리는 기자회견에는 단 한명의 기자도 없었습니다. 하지만 세상이 기록하지 않은 이 자리에서 퍼진 목소리에 5년 후 온 세상이 주목하게 됩니다.

마른 땅에 심은 희망, 노동조합

알바연대가 탄생하고 무엇을 해야 할지 막막했습니다. 당장 할 수 있는 일들은 설문 조사와 캠페인이었습니다. 알바들과 만나고 싶었지만 바쁘게 일하는 사람에게 말을 거는 것, 게다가 알바연대라는 수상한 이름을 내밀고 말을 거는 것은 쉬운 일이 아니었습니다. 무엇보다도 알바노동자를 불쌍한 존재로 대상화시키거나, 낮은 임금에도 불구하고 참고 일하는 피해자로 대하는 것을 경계해야 했습니다. 실제로 알바노동자와 대화를 나눌 때 불법적인 상황이 없나를 물어보면 대부분의 반응들은 '잠깐 하는 일이라서요' 아니면 '그래도 여기는 나은 편'이라는 대답을 듣는 경우가 많았습니다. 열악한 노동환경을 알고서도 참고 일해야 하는 자신의 현실을 인정하는 것은 힘든 일일 겁니다. 게다가 생전 처음 보는 사람 앞에서는 더욱 그렇지요. 자신의 인생은 잠깐 지나가는 사람에게 털어놓기에는 너무 무겁고 소중한 법입니다.

필요한 것은 긴 대화였습니다. 그래서 선택한 것이 야간 실태조사였습니다. 손님이 없는 시간대에 편의점, 카페, PC방을 돌면 상대적으로 여유 있게 이런저런 사는 이야기를 들을 수 있었습니다. 알바노동자도 심심한 시간이었습니다.

하지만 야간 실태조사는 알바연대 집행부에게 너무 큰 부담이 됐습니다. 새벽 3~4시에 마치고 다음날 낮에 출근해서 결과를 정리하고 단체의 업무를 처리하는 것은 매우 힘든 일입니다.

게다가 실태조사와 결과 발표만으로는 언론에 알바노동자들이 얼마나 열악한 환경에서 일하는지에 관한 자료를 제공하고 기자들의 기사 거리를 만드는 것 정도의 효과밖에 없었습니다. '불쌍한 알바'를 보여 주는 성과는 있었으나, 알바노동자 스스로 당당히 자기 목소리를 낼 기회와 방법을 제공하지는 못했습니다. 결정적으로 알바연대가 알바노동자에게 직접적인 혜택을 줄 수 있는 게 없었습니다. '최저임금 1만원' 캠페인은 사회적인 방향을 일으켰지만, 당장 내일 출근하는 알바노동자들에게 줄 수 있는 이익은 없었습니다. 우리에게는 좀 더 강력한 무기가 필요했습니다. 그것은 헌법에 보장된 단결권, 단체행동권, 단체교섭권을 행사할 수 있는 노동조합이었습니다.

반란의 대가: 물 뿌리는 동네 사장님부터 10원짜리 동전 월급까지

2013년 8월 5일 아르바이트 노동조합('알바노조')이 정식으로 설립됐습니다. 앞서 청년유니온이 설립 과정에서 고생해 준 덕분에 알바노조는 좀 쉽게 신고필증을 받았습니다. 참고로 노동조합은 헌법상 권리이기 때문에 노동청의 신고필증이 없어도 결성할 수 있지만, 그럴 경우에는 「노동조합법」에서 보장하는 단체협약 교섭권, 노조 전임자 파견권 등의 법적 권리들이 없어 신고필증을 받는 것이 유리합니다. 노조를 결성할 때 고려해야 하는 것은 노조원의 자격입니다.

알바노동자들에겐 고정된 사업장이 없거나, 여러 일자리를 돌아다니고 실업 상태가 취업 기간보다 긴 경우도 있습니다. 그래서 사장님을 제외하고 모든 국민이 가입할 수 있는 일반노조의 형태로 조직을 만들었습니다. 그만큼 노조의 사회적 역할도 컸습니다. 사실상 모든 알바 이슈에 대응해야 했고, 모든 알바노동자가 가입 대상이기도 했으며, 모든 기업이 싸움의 대상이었지요. 함께해야 할 알바노동자들은 한곳에 뭉쳐 있지 않고 널리널리 퍼져 있었기 때문에, 만능이 되어야 했습니다. 그리고 이들의 공통된 요구를 중심으로 운동을 펼칠 수밖에 없었습니다. 최저임금 문제나 4대보험, 주휴수당, 산재 등 모든 노동자에게 적용되는 문제이거나 업계에 만연한 '꺾기'나 근로계약서 미준수 같은 의제였습니다. 그래서 노동조합은 노조의 역할은 물론, 시민단체의 역할까지 해야 했습니다.

당연히 장점도 있습니다. 알바연대 시절에도 상담을 통해 알바노동자들의 권리 구제를 지원하고 있었지만, 이제는 노동조합으로서 좀 더 적극적으로 알바노동자들의 노동조건에 개입할 수 있는 길이 열렸습니다. 그 전에는 사장님이 '제3자는 빠져' 하면 위축될 수밖에 없었지만, 이제는 '우리 조합원의 문제이니 노조와 얘기하시죠'라고 말할 수 있게 됐습니다.

알바노조가 처음 생길 때만 해도 알바 현장은 불법과 꼼수가 판을 치고 있었습니다. 물론, 기업에 따라 그 성격은 달랐습니다. 대규모의 인력들을 대상으로 전문적이고 세련된 노무관리를 하는 대기업의 경우, 한 번 터지면 사회 전체를 뒤흔드는 이슈가 됩니다. 임금 체불 사건이 터지면 수십억짜리 사건이 되지요. 교묘한 노무관리 때문에 밝혀내긴 어렵지만, 한 번 터지기만 하면 해결하는 건 오히려 쉽습니다. 법을 지키지 않으면 기업 이미지에 큰 타격을 입기 때문이지요. 반면, 노동법 자체를 모르는 조그만 가게의 사장님은 사회적으로 알려지지는 않지만 업계 관련자와 알바노동자들에게는 익숙한 불법을 저질렀습니다. 사회적 이슈가 아니라 알바노동자가 견디고 감수해야 할 사회생활이 되어 버립니다. 일종의 관습법이죠. 하지만 워낙 공공연하게 이루어졌기 때문에 문제라고 삼는 순간 수백 건의 사건이 만들어집니다.

초기에는 이런 '동네 사장님들'과의 갈등이 주를 이루었습니다. 그중에서도 꽤나 인상 깊은 사장님들이 있습니다. 부산에서 호스로 물을 뿌린 빵집 사장님은 대단했지요. 주휴수당을 주지 않아서 알바노조에서 1인시위를 했는데, 사장님이 화가 났는지 경찰을 불렀습니다. 경찰들이 와서도 제재할 수 있는 방법이 없었습니다. 그래서 그 사장님은 수도꼭지에 호스를 연결해서 우리에게 물을 뿌렸습니다. 역곡의 한 고깃집 사장은 체불임금에 대해 항의하자, 이 정도밖에 안되냐며 조합원들을 조롱하기까지 했습니다. 2017년 최저임금이 6,470원인데 전북의 편의점 사장님이 시급 5천원을 주다가 알바노조 전북지부에 적발됐는데, 이에 대한 반응이 가관이었습니다. 사전에 시급 5천원을 고지했고 근로계약서를 작성했다며 위장 취업 아니냐고 반발하기도 했습니다. 자신이 불법을 저지르고 있다는 인식이 전혀 없는 겁니다. '위장 취업' 아니냐는 반응에는 '억울함'과 '재수가 없다'는 감정이 섞여 있습니다. 다 이 돈 받고 일해 왔다며, 이상한 생각을 가진 특이한 알바가 문제를 제기했다는 것이죠. 이렇게 대부분 감정적

갈등에 노출되기 때문에 알바노동자들이 문제를 제기하기 힘듭니다. 그래서 알바노조는 사장님을 진정시키고 이해시키는 데 상당한 에너지를 쏟아야 했습니다. 그중에서도 전국을 뒤흔든 사건이 하나 있었습니다.

임금을 10원짜리 동전으로 줘 전국적으로 화제가 된 울산의 사장님이 있습니다. 2015년 5월 알바노조 울산 지부가 거리에서 상담소를 운영하던 중, 2월부터 3월까지 한 달가량 술집에서 일했지만 임금을 받지 못한 알바를 만났습니다. 사장에게 밀린 임금을 요구했으나, 사장은 '내가 계산한 임금 총액과 다르다고 주장할 거면 받지 마라'라든가 '너 때문에 매출이 줄었다'라고 말하며 임금을 주지 않았답니다. 그래서 노동부에 진정을 넣었지만, 근로감독관들은 알바노동자들의 소액 체불임금 사건을 잘 처리하지 않습니다. 근로감독관 중에는 법을 잘 모르는 경우도 있고, 몇 억짜리 사건도 있는데 고작 몇십만원짜리 가지고 그러냐고 불평하는 사람도 있었지요. 고질적인 문제였기 때문에 2016년 1월 22일 알바노조는 서울고용노동청에 100여 명이 들어가서 집단 민원을 넣다가 60여 명이 폭력적으로 연행되기도 했습니다. 아무튼 당시 알바노조 울산 지부가 나서서 사업주와 근로감독관에게 요구한 결과, 6월 말에 사장님으로부터 밀린 임금 중일부를 받을 수 있었습니다. 이때 사장은 밀린 임금을 10원짜리 동전으로 주려고 했습니다. 다행히 근로감독관이 이를 제지했습니다. 그런데 이 사장은 다른 알바에게도 임금을 체불했는데, 그 사람에게는 10원짜리로 밀린 임금을 주었습니다.

이것이 그 유명한 '체불임금 10원짜리 지급 사건'입니다. 이 사건은 6월 30일 KBS 보도를 통해 만천하에 공개됩니다. 임금을 체불한 것도 모자라 그것을 10원짜리로 바꿔서 주었다는 사실은 많은 시민에게 충격을 주었고, 뉴스는 일파만파 퍼졌습니다. 이에 대한 사업주의 반응에 주목해야 합니다. 사장은 7월 1일 아침에 어떤 라디오 방송에서 알바의 불성실함과 예의 없음 등을 문제 삼으며 논란을 증폭시켰습니다. 돈 받을 자격이 없다고 생각하는 겁니다. 여기서 우리가 주목해야 하는 것이 권력의 문제입니다. 사장이 거래처 사장이나 건물주에게도 10원짜리로 줬을까요? 건물주가 하는 게 뭐 있냐며 예의가 없다고 당당히 이야기할까요? 물론, 이 사장님은 임금 체불만 저지른 게 아닙니다.

「근로기준법」 제17조 위반: 근로계약서를 작성하지 않았으며 교부하지 않았습니다.

「최저임금법」 제6조 위반: 청소년 노동자들에 대해 최저임금 이하의 임금을 지급했습니다.

「최저임금법」 제5조 제2항 위반: 수습 근로에 해당하지 않는 노동자들에게 수습 기간 임금을 지급했습니다. (수습 기간은 1년 이상 근로계약을 맺은 노동자에게만 최대 3개월간 최저임금의 90% 이상 지급하는 것으로 적용할 수 있습니다.)

「근로기준법」 제43조 제1항 위반: 임금을 통화로 직접 전액을 지급하는 원칙을 위반했습니다.

「근로기준법」 제43조 제1항 위반: 임금을 매월 일정한 날짜에 정하여 지급하지 않았습니다.

「근로기준법」 제36조 위반: 퇴사 후 14일 이내 임금을 지급하지 않았습니다.

「근로기준법」 제54조 위반: 4시간당 30분, 8시간당 1시간의 휴게 시간을 제공하지 않았습니다.

「근로기준법」 제55조 위반: 주휴수당을 지급하지 않았습니다.

「근로기준법」 제46조 위반: 인테리어 공사로 인한 휴업 기간 동안 수당을 지급하지 않았습니다.

「남녀고용평등과 일·가정 양립 지원에 관한 법률」 제13조 위반: 직장 내 성희롱 예방 교육을 실시하지 않았습니다.

「국민연금법」 제8조, 「국민건강보험법」 제6조, 「고용보험법」 제8조, 「산업재해보상보험법」 제6조 위반: 4대보험에 가입하지 않았습니다.

이 예를 소개한 이유는 알바노동자들이 주로 당하는 법령 위반의 내용이 많기 때문입니다. 근로계약서도 안 쓰는 사업장에서 주휴수당이나 4대보험, 휴게시간을 보장할 리 없습니다. 법을 어겨도 아무 말도 못할 거라는 기대와 신고를 한다 해도 솜방망이 처벌로 그칠 거라는 인생의 경험이 쌓인 것이지요. 범죄라고 인식조차 못합니다. 만약 피해를 본 알바노동자가 체불임금을 포기했다면 공짜로 인력을 쓰는 호사를 누릴 수도 있습니다.

안타깝게도 이 사건으로 알바노조 울산 지부장이 영업방해로 벌금을 내야 했습니다. 체불된 임금이 70만원이었는데 검찰이 알바노조 조합원들에게 내라고 한 벌금은 750만원이었습니다. 영업권이 사업주의 불법행위에 대한 노조의 방어적 단체행동보다 중요하게 여겨지는 겁니다.

이런 작은 가게의 사장님들과는 「최저임금법」이나 주휴수당, 퇴직금 등 「근로기준법」의 기본 중의 기본을 지키게 하기 위해 정말 힘든 과정을 거칩니다. 일단 법을 모르는 경우가 많고, 작은 가게의 경우 「근로기준법」 준수에 대한 관리와 감독도 제대로 이루어지지 않으니, 자기만 재수 없게 이상한 알바를 고용해서 이상한 단체에 걸렸다며 억울해하는 경우가 많습니다. 안타깝지만, 이럴 경우 알바노조가 할 수 있는 일들이 많지 않습니다. 그것은 알바노조와 같은 형태의 노조가 행사할 수 있는 단체행동권의 한계가 있기 때문입니다. 그래도 작은 가게라면 언론 기사, 합법적인 집회, 노동청에 대한 진정 등으로 대부분의 문제를 해결할 수 있습니다. 일단 법을 어긴 것이 명백하기 때문입니다.

최초로 단체협약을 맺다, 레드아이

알바노조가 출범하고 얼마 안 있어 중요한 분기점을 맞습니다. 바로 단체교섭입니다. 알바노조에는 교섭권이 있었으므로, 매장에 조합원이 있기만 하면 사장과 알바노조 위원장이 교섭하고 협약을 맺을 수 있습니다. 그 첫 번째 주인공이 레드아이에서 일하던 이가현 조합원입니다.

2013년 8월 5일 알바노조의 출발을 알리는 기자회견에서 이가현 씨도 참석해서 다음과 같이 발언합니다.

"직원, 주임, 매니저, 점장은 한 시간 반, 두 시간 동안 밥 먹고 오면서, 밥 먹은 시간도 근무 시간에 포함시키면서, 왜 알바만 차별합니까!"

이 매장에서 일하는 알바들에겐 「근로기준법」에서 정한 4시간에 30분의 휴게시간이 지켜지지 않고 있었습니다. 이 발언은 공중파 방송을 통해 나갔고, 이가현 씨는 회사에서 '요주의 인물'이 됩니다. 이왕 이렇게 된 거 이가현 씨는 휴게시간, 근로계약서 작성, 야근수당, 주휴수당 등 「근로기준법」을 지킬 것을 요구합니다. 그리고 9월 7일 "네가 자꾸 문제를 일으켜 본사에서 너를 해고하라고 했다"라며 이씨에게 해고가 통보됩니다. 당돌하다는 이야기도 듣습니다. 법을 지키라고 이야기하는데 해고되는 것이 황당하기도 했지만, 당시에는 흔한 일이었죠. 사실 이렇게 혼자서 이야기하는 것만으로도 엄청난 용기가 필요했습니다. 주변 동료들의 시선, 같이 얼굴 보고 일하는 점장과의 관계를 견디는 것은 쉬운 일이 아닙니다. 알바노조는 이를 노조활동에 대한 탄압으로 보고 단체교섭을 요구합니다. 현행법상 노조활동을 이유로 해고하면 부당노동행위로 처벌을 받게 됩니다. 우여곡절 끝에 10월 2월 레드아이 본사에서 단체협약을 맺습니다. 명확히 법을 위반했기 때문에 레드아이도 어쩔 수 없었지요.

1. 충무로점에서 근무하는 이가현 조합원에 대한 해고 통지가 부당함을 인정하고 사과하며 이를 철회한다.
2. 향후 레드아이에 채용된 아르바이트노동자들에 대해 법정 수당 · 휴게시간 등 노동법을 준수한다.
3. 레드아이에 채용된 아르바이트노동자들의 휴게를 위해 전 매장에 의자를 설치한다.

4. 성폭력 및 성희롱에 대응할 수 있는 신고 및 징계 절차를 확고히 마련하고 연 1회 성평등 교육을 전 직원이 이수할 수 있도록 교육체계를 마련한다.

5. 레드아이에 채용된 아르바이트노동자들을 대상으로 근무조건, 해고 등 아르바이트노동자의 처우와 관련된 사항을 논의하기 위한 노사협의회를 설치하고, 조합에서 추천한 1인 이상이 근로자위원으로 참여한다.

6. 위 사항을 기본협약으로 정하고 차후 단체교섭을 통해서 단체협약안을 체결한다.

기본협약안은 최종협약안을 만들기 전에 기본적으로 합의를 할 수 있는 부분을 정리한 약속입니다. 이 협약안에서 주목해야 할 몇 가지가 있어 짚고 넘어가야 할 것 같습니다. 우선, 의자 설치입니다. 이것은 「근로기준법」에 규정된 내용 이상의 업무 환경을 노조와의 단체교섭을 통해 확보할 수 있다는 것을 보여 줍니다. 특히나 하루 종일 서서 일하는 서비스 노동자들에게 의자는 중요한 업무 환경입니다. 두 번째로 성희롱 예방 교육입니다. 성희롱 예방 교육은 10인 이상 사업장에서만 의무적으로 하게 되어 있습니다만, 그나마 형식적으로 이루어지는 경우가 많습니다. 10인 미만 사업장에는 유인물로 대체해도 됩니다. 이를 단체교섭으로 좀 더 분명히 강조한 것이지요. 「근로기준법」만으로는 법의 취지와 내용까지 강제할 수 없습니다. 노조가 있다면 이를 강제할 수 있는 것이지요.

중요한 것은 단체교섭 하자고 해서 바로 단체교섭을 하러 나오는 사람은 없다는 겁니다. 단체행동을 통해서 사장님이 교섭에 나올 수밖에 없게 해야 하는데, 알바노조가 할 수 있는 행동은 언론을 통한 이슈 파이팅이었습니다. 알바노조는 사업장 내에서는 힘이 약한 대신 사회적 힘은 강했습니다. 법에서 정한 최소한의 근로조건도 지키지 않는 점, 알바를 만만하게 보는 사장님들의 상식 밖의 행동들이 사람들의 공분을 자아냈습니다.

하지만 이 운동에도 한계는 있었습니다. 조합원이 소수이다 보니 한 명만 해고를 당해도 협약 내용이 사라지기 때문입니다. 단체교섭은 조합원이 직원의 과반이 되었을 때 모든 노동자에게 적용됩니다. 즉 단 한 명이 회사와 단체교섭을 맺을 수는 있지만, 그 협약안은 그 한 명에게만 적용되는 겁니다. 문제는 딱 그 한 명에게만 업무 환경을 개선시키기는 힘들다는 점입니다. 의자 설치나 성희롱 예방 교육처럼 모든 노동자들의 업무 환경을 향상시키는 내용도 있고, 주휴수당이나 야간수당 등 「근로기준법」을 지키게 하는 효과도 있습니다. 하지만 조합원이 나가 버리면 이를 계속 준수하는지 감시할 수가 없습니다. 이것은 알바노조가 사업장에 다수의 조합원을 확보하지 못하는 이상 해결하기 힘든 고민거리 같습니다.

알바노동자들의 최초의 매장 점거

경험이 쌓이다 보니, 조그마한 가게의 사장님과의 갈등에서는 어느 정도 문제 해결 능력을 갖추기 시작했습니다. 하지만 영세자영업자들이 처한 구조적인 문제를 함께 해결하지 않는 한, 「근로기준법」

준수는 묘연했습니다. 알바노조는 영세자영업자들이 겪는 대기업과의 불공정한 거래, 건물주의 갑질 때문에 발생하는 임대료 문제 따위를 해결해야 한다고 생각했습니다. 막대한 이윤을 가져가는 대기업과 지대 수익을 가져가는 건물주를 건드리지 않고는 노동시장 밑바닥의 알바노동자들과 역시 '을'인 영세자영업자의 싸움이 끊임없이 벌어질 거라는 걸 알았습니다. 그래서 맘편히장사하고픈상인모임(맘상모) 등 상인 단체와 연대하기도 했지요. 실제로 임금 지급 능력이 없는 사장님도 있었습니다. 이런 구조 안에서의 싸움에 머물러 있다면 평생 "근로기준법 준수하라"만 외치다가 운동이 끝날 것 같았습니다.

이런 의미에서 어느 정도 임금 지급 여력이 있는 대기업과의 싸움이 중요했습니다. 대기업이 가진 시장에서의 우월적 위치는 노동시장에도 파급을 미칩니다. 대기업과 싸우면 알바노동시장의 노동조건을 전체적으로 끌어올릴 수 있다고 봤습니다. 영세자영업자들의 법 준수로 아래를 받쳐 주고, 대기업의 노동조건 개선으로 노동조건이 한 발 진보하는 선순환을 기대했습니다.

하지만 정말 어려운 것은 그래도 법은 지키는 사람들과의 싸움입니다. 알바가 「근로기준법」 이상을 요구하면 도덕적인 비난을 받습니다. 최저임금을 지켜주는 것도 감사하게 생각하라는 겁니다. 이것은 정말로 이상한 주장입니다. 법을 지키는 것에 감사하라는 것은 불법이 판을 치고 있다는 것을 잘 알고 있고 이를 방치하고 있다는 것을 시인하고 있는 셈이기 때문입니다.

이런 배경 아래 알바노조는 기본적인 노동 상담에서 벗어나 맥도날드, 편의점, 영화관, SPC 등 대기업과 프랜차이즈의 잘못된 관행들에 대해 본격적으로 연구하고 문제를 제기하기 시작했습니다. 그중에서도 맥도날드 매장 점거는 커다란 방향을 일으킵니다.

2014년 5월 15일, 전세계 패스트푸드 노동자들의 국제 연대를 위한 기자회견이 개최됩니다. 패스트푸드 노동자는 미국의 시급 15달러 운동의 주축을 이루는 존재들입니다. 사회적 캠페인을 통해서 노동자들을 조직한다는 점에서 알바노조와도 비슷한 고민을 하고 있었지요. 이때 맥도날드에서 일하던 이가현 씨(레드아이의 이가현 씨와 동명이인인 다른 사람입니다)가 맥도날드의 '꺾기'에 대해 증언합니다. 일이 없다고 일찍 퇴근하게 해 임금을 적게 주는 것을 '꺾기'라고 합니다.

매장에서는 난리가 났지요. 매장의 지속적인 압력으로 이가현 씨가 해고되고 이에 반발해 국제적인 지지가 이어집니다. 12월 4일 전세계 노동자 1만여 명의 항의 서한이 맥도날드에 전달됩니다. 맥도날드의 불법적인 꺾기 관행과 해고에 항의하기 위해 알바노조는 2015년 2월 7일 맥도날드 신촌점을 전격적으로 점거합니다. 그리고 그해 메이데이인 5월 1일 맥도날드 관훈점을 점거합니다. 알바노동자가 해고에 맞서 매장을 점거한 사건은 최초일 겁니다. 역사적인 순간이지요. 검찰은 당시 구교현 위원장에게 구속영장을 신청했는데, 법원에서 기각당하자 또 다시 신청하는 이례적인 행보를 보입니다. 결국 두번째도 기각되어 무사할 수 있었습니다. 이후에도 맥도날드의 높은 노동강도와 위험한 노동환경, 이에 비해 턱없이 저렴한 인건비에 대해 지속적인 문제 제기를 이어 나갑니다.

그 결과 맥도날드에서 '꺾기'가 사라졌습니다. 그동안 손님이 없을 때는 조기 퇴근을 시켰는데, 이것이 사라졌습니다. 라이더의 경우, 날씨가 좋지 않아 출근을 하지 못하면 휴업수당을 줍니다. 물론 직영점에만 해당합니다. 가맹점에는 어떤지 알 수 없습니다. 맥도날드는 SOC, 즉 Station Observation Checklist라는 내부 규정이 있습니다. 이 규정에는 45초 안에 햄버거를 만들라는 규정이 있었습니다. 그리고 햄버거 주문을 받는 모니터에 시간을 표시하는 판도 있었습니다. 알바노조의 폭로로 이 표식이 사라집니다.

알바노조는 이 이외에도 영화관에서의 지나친 외모 규정과 SPC 가맹점의 「근로기준법」 위반 폭로, CU에서 벌어진 경산 알바노동자 사망 사건에 대한 사과 요구, 맥도날드 망원점의 임금 체불 사건 해결 등 대기업의 횡포에 대해 문제를 제기했고 개선을 이루어냅니다.

하지만 맥도날드와 달리 프랜차이즈 산업에는 여러 한계가 있었습니다. 알바노동자들의 사장님은 가맹점의 사장님이지 본사가 아닙니다. 본사는 법적으로는 책임이 없습니다. 그래서 아무리 우리가 문제를 제기하더라도 본사에게는 대응할 의무가 없습니다. 가맹점의 노동자라도 본사가 책임을 지게 하는 방안을 고민해야 할 때입니다.

근원적인 한계도 있습니다. 직영점이라 하더라도 알바노조의 문제 제기 때문에 업무 환경이 개선됐다고 절대 말하지 않습니다. 업무 환경이 개선된 것이 노조의 활동 때문이 아니라 회사의 선심으로 비춰집니다. 모든 매장에 노조 게시판이 만들어지고 노조 활동가들에게 매장을 방문해서 게시물을 붙이고 노동자들과 대화할 수 있는 권한이 주어지면 어떨까요? 뉴질랜드에서는 실제로 노조 활동가가 노동자들과 대화할 수 있게 보장되어 있습니다. 우리나라의 노조 조직률은 10%남짓입니다. 90%의 노동자는 보호막 없이 방치되어 있지요. 이를 개선하는 방법으로서 미조직, 비정규직, 알바노동자들에게 노조 할 권리를 확대하는 것으로 시작해 보는 건 어떨까요?

한편, 알바노조가 만들어 낸 변화들 중에서 잊을 수 없는 성과가 있습니다. 알바노조의 꾸준한 '최저임금 1만원' 투쟁으로 늘 400원~500원씩 오르던 최저임금이 2017년에는 1,060원 올랐습니다. 이제 그 역사를 살펴보고자 합니다.

'최저임금 1만원', 세상의 비웃음을 사다

'최저임금 1만원'을 처음 내걸었을 때, 아무도 이를 지지하지 않았습니다. 심지어 진보적인 시민사회단체들 중에서도 지지하는 사람이 없었습니다.

'최저임금 1만원'이 주장되기 전, 노동계는 매년 복잡한 계산을 근거로 최저임금 인상안을 제시했습니다. 2013년의 최저임금을 결정하는 2012년 협상에서는 4,580원을 5,600원으로 인상하자고 요구했습니다. 2013년 최저임금은 진통 끝에 공익위원이 제시한 대로 280원 인상한 4,860원으로 결정됐습니다. 2017년에 2018년의 최저임금이 1,060원 인상된 것은 그때를 생각하면 격세지감이라 할 만합니다.

정권의 성격에 따라 우리의 임금이 좌지우지되는 것을 보고 투표를 잘해야 한다는 결론을 내리는 사람들도 있겠지만 저는 조금 생각이 다릅니다. 최저임금 인상안을 가지고 경총과 노동계와 정부가 소위 '과학적 근거'를 가지고 이야기하려고 하지만, 실제로 임금을 결정하는 것은 경제학 법칙이 아니라 사회적 압력이라는 사실을 보여준 겁니다. 두 번째로 정권의 성격에 따라 최저임금 인상에 이렇게 큰 차이를 보이는 것은 국민들의 삶의 측면에서 보면 오히려 부정적입니다. 확실한 근거와 원칙이 필요합니다. 그것은 생계비여야 합니다.

2013년 알바연대는 최저임금을 복잡한 계산 없이 1만원으로 올려야 한다고 생각했습니다. 근거는 OECD 최저임금의 평균과 최저임금위원회가 발표한 비혼 단신근로자 생계비에 가깝다는 점이었습니다. 그리고 최저임금 문제를 폐쇄적인 최저임금위원회의 복잡한 논의에서 벗어나게 해 국민적 논의로 만들고 싶었습니다. 이때 노동계와 시민사회단체에서는 5,910원으로의 인상을 요구했습니다. 알바연대는 1만원을 요구했으니, 약간의 긴장이 있었습니다. 일부에서는 너무 황당하다는 비난도 있었습니다.

알바들의 최초의 고공농성

최저임금위원회 협상 자리에 들어갈 수 없었기 때문에 알바연대는 자신의 의사를 제도와 절차 안에서 표현할 방법이 없었습니다. 최저임금을 받고 일하는 200만 명, 그리고 연장과 특근 등으로 최저임금 이상의 소득을 올리지만 시간당 임금을 계산해 보면 최저임금을 받는 중소기업의 정규직노동자, 최저임금을 받는 것도 감지덕지인 이주노동자, 성차별 때문에 저임금을 받는 여성, 이런 사람들의 대표가 최저임금위원회에는 없었습니다. 더욱 중요하게는 최저임금이 너무 낮기 때문에 노동을 공급하지 않는 취업준비생이나 실업자의 의사가 표현될 수 없었습니다.

싸움의 무대를 바꿀 필요가 있었습니다. 싸움의 결과가 모든 국민에게 적용되기 때문입니다. 알바노조가 먼저 주목한 것은 한국경영자총연합회, 즉 경총이었습니다. 경총은 최저임금을 협상하는 자리에서 사실상 사용자의 입장을 대변하는 단체입니다. 대기업과 경총은 자유 시장과 공정 경쟁을 이야기하지만, 실제로는 권력의 힘을 이용하고 시장에 정치적으로 개입하려고 합니다. 특히 노동정책을 좌지우지하고 싶어 하지요. 대기업의 대리인으로 정치권력에 영향력을 행사하는 경총이 최저임금 결정의 진짜 배후라고 생각했습니다. 이는 이후 박근혜-최순실 게이트에서 활약한 경총과 전경련의 모습에서도 확인할 수 있었습니다. 기업들은 노동 개악을 대가로 최순실의 미르재단과 K스포츠재단에 수백억 원을 입금합니다. 삼성은 최순실의 딸에 지원을 하기도 하지요. 추악한 정경유착입니다.

경총의 입장은 명확합니다. 최저임금을 동결해야 한다는 것이 습관적인 경총의 주장입니다. 사회적 비난이 거세지면 10원, 20원 올리자는 안을 내놓습니다. 이 솔직함이야말로, 그리고 자신의 이익에 따라 행동하는 것이야말로 우리가 배워야 할 부분입니다. 반면, 평범한 국민들과 노동자들이 자신의 주장을 솔직하게 드러내면 이기적이라고 비난받습니다. 또 합리적인 주장을 하라는 압력도 받지요.

이런 인식하에서 2013년 여름 경총 건물 처마 위에서 고공농성이 벌어집니다. 경총 바로 앞에는 버스 정류장이 있습니다. 그래서 버스를 기다리는 평범한 학생처럼 기다리고 있었습니다. 또 누군가는 근처를 배회하고 있었지요. 그리고 기습적으로 처마에 사다리를 대고, 흩어져 있던 일군의 청년이 신속하게 처마 위로 올라갑니다. 6월의 햇볕이 뜨거웠기에, 지나가던 시민이 음료수와 햇빛을 가릴 수 있는 우산을 던져 주기도 했지요. 알바노동자들이 최저임금 인상을 요구하는 최초의 직접행동이었습니다. 최저임금위원회가 아니라 사용자 단체에 직접 요구하는 것이었습니다. 결과는 2시간 만의 처참한 연행이었습니다. 고공농성이라 에어 매트를 깔고 진압을 했지요.

두 번째 타깃으로 잡은 것은 청와대입니다. 최저임금위원회의 최종 결정은 보통 공익위원이 결정합니다. 노사가 합의를 보지 못하면 공익위원들이 정해 버리는 식이지요. 이 공익위원을 대통령이 임명합니다. 사실상 청와대의 의지대로 최저임금이 결정된다는 것입니다. 이를 보여 주는 비망록이 있습니다.

6월 30일까지 내년도 최저임금액 결정, 인상률 놓고 대립, 案(안)으로 投票(투표), 7% 인상 線(선)" — 전 청와대 민정수석 고 김영환 2014년 6월 20일 국무회의 비망록

청와대 비서실장 김기춘 씨가 국무회의에서 발언한 내용을 청와대 민정수석이 적은 것입니다. 실제로 2014년 6월 27일 새벽, 공익위원들은 2015년 최저임금을 7.1% 인상된 5,580원으로 결정해 버립니다.

2013년 여름, 청와대 코앞에 있는 신무문 위에 올라서 플래카드를 내걸고 유인물을 뿌렸습니다. 경복궁 관광객으로 들어가서 신무문 앞에서 사진도 찍으며 우리가 얼마나 평범한 사람인지를 증명하

려고 했지요. 지금 생각해 보면 정말 수상하지 않았을까 합니다. 의무경찰들뿐이었는데 무심코 지나갔습니다. 경비가 허술한 틈을 타서 신무문을 올라갔고 의무경찰들은 상황에 대처하기 힘들었습니다. 이후 무술 유단자로 보이는 사복경찰들이 와서 입을 틀어막고 마구잡이로 연행해 갔습니다. 청와대를 지키는 경찰이라 그런지 무지막지했습니다. 에어매트는 필요 없었습니다. 구호도 허용하지 않겠다는 듯 입을 막은 채 그냥 끌고 갔습니다.

최저임금위원회에서의 시위도 계속됐습니다. 6월 최저임금위원회 앞에서 노숙농성을 시작했습니다. 휴가 온 분위기를 내려고 여러 물품을 샀지만, 농성장은 농성장이었습니다. 조금 밝은 농성장 정도가 되겠지요. 그리고 최저임금을 결정하는 날, 최저임금위원회 담을 넘습니다. 이번에도 수많은 사람이 연행됐습니다.

2013년 경총-청와대-최저임금위원회에서 벌어진 직접행동들은 관성적이었던 기존의 최저임금 투쟁의 분위기를 바꾸어 놓았습니다. 이때의 점거와 비폭력 불복종운동에는 여러 의미가 있었습니다. 첫째, 점거는 새로운 공간을 창출해 냅니다. 평소에는 그냥 지나치던 경총 건물이 알바노조가 점거를 하고 최저임금을 요구하는 순간에는 최저임금을 결정하는 권력의 장소로 변모합니다. 그리고 경총의 업무가 일시 마비가 되지요. 지금까지 문제없이 돌아갔던 시스템이 멈춰야 한다는 걸 보여 줍니다. 사람이 죽어도, 우리가 비인간적인 임금을 받고 일을 하더라도 세상이 아무 문제없이 돌아가는 것만큼 잔인한 것도 없지요. 또 지금까지는 최저임금의 협상 당사자가 아니었던 알바노동자의 존재가 드러납니다. 이처럼 점거에는 비가시적인 것을 가시적으로 드러내는 효과, 아무 문제없이 돌아가는 시스템이 멈춤으로써 문제를 드러내는 효과가 있습니다. 둘째, 점거는 최저임금이 협상으로 결정되는 것이 아니라 협상 장소 바깥의 세력 관계에 의해 결정된다는 것을 보여 줍니다. 지금까지는 그 힘이 사용자와 정부의 연합에 의해서 사용자에게 유리하게 작용하고 있었습니다. 이에 대해 사회적인 시위를 벌임으로써 노동계와 국민들이 함께 연대하여 목소리를 내는 의미가 있었습니다. 셋째, 관성적이었던 최저임금 투쟁에 대한 문제 제기였습니다. 정해진 규칙 안에서 싸우면 원하는 것을 얻을 수가 없다는 이야기를 하고 싶었습니다. 또 최저임금을 협상하는 자리에는 최저임금노동자가 없었습니다. 알바노동자의 목소리가 협상 장소에서 마이크를 통해 나온 것이 아니라 회의장 바깥에서 구호로 울려 퍼진 것입니다.

이후에도 최저임금 시즌만 되면 알바노조는 다양한 캠페인과 함께 이런 비폭력 직접행동의 전통을 이어 갔습니다. 그 결과 2015년 민주노총이 2016년도 최저임금을 1만원으로 올려야 한다는 요구를 정식으로 받아들였습니다. 이때 민주노총 위원장이 바로 최초로 직선제로 선출된 한상균 위원장입니다. 월 209만원의 요구가 노동계의 요구가 되는 순간이었습니다.

국회의원들이 받아들이다. 국회 앞 단식투쟁

'최저임금 1만원' 운동에서 또 하나의 분기점이 된 것은 2016년 총선이었습니다. 국회의원 후보들과 정당들이 너도나도 최저임금 인상을 이야기하기 시작했습니다. 심지어 당시 새누리당의 몇몇 인사들도 시급이 9,000원은 되어야 한다고 주장했습니다. 세상이 변하기 시작한 것이지요. 이것은 전 세계적인 운동의 흐름 때문이기도 했습니다. 오바마 대통령이 최저임금을 올리겠다고 공언한 데 이어 전 세계적으로 최저임금 인상의 흐름이 일고 있었습니다.

4월 총선이 끝나자마자 최저임금 협상이 본격적으로 시작되는 6월이 기다리고 있었습니다. 타깃은 분명했습니다. "최저임금 1만원, 당신의 약속이었습니다." 국회에서 알바노조 조합원들이 든 피켓에 적혀 있던 구호였습니다. 국회를 압박해야 했습니다. 6월 16일, 알바노동자들의 1만 시간 단식이 시작됐습니다. 먼저 알바노조 위원장이었던 제가 국회 앞에서 단식농성에 돌입했습니다, 국회 앞은 '절대 집회 금지 구역'이라서 구호를 외치거나 2인 이상 모여서 피켓을 들 수가 없습니다. 그래서 어쩔 수 없이 혼자 시작하게 됩니다. 농성에 필요한 물건들도 모두 빼앗겼습니다. 외롭게 하룻밤을 지내고 바로 그 다음 날 집행부였던 레드아이 이가현과 우람 조합원이 단식에 합류합니다. 여럿이 모이자 경찰은 거듭해서 해산 명령을 내렸습니다. 경찰은 해산하지 않으면 연행하겠다고 으름장을 놓았습니다. 우리가 선택한 것은 책을 펴는 것이었습니다. 최저임금 인상을 요구하며 밥을 굶고 책을 읽는 것이 공공의 안녕과 평화 질서에 위협이 되는지를 경찰에게 되묻는 행위였습니다. 6월 20일, 강제 해산이 있었지만, 포기하지 않고 다시 자리를 폅니다. 결국 경찰들도 포기합니다. 세상에 절대적 금지라는 것은 없습니다.

일단 자리를 지키고 있으니깐 온갖 정치인이 찾아왔고, 그때마다 우리는 최저임금 인상 공약을 실현하기 위한 구체적인 방안을 마련하라고 요구했습니다. 투쟁의 주인공은 국회 앞에서 단식하며 농성한 조합원이나 그곳을 찾은 정치인들이 아니었습니다. 7월 7일에 종료되는 이 단식의 진정한 주인공은 동조 단식에 참여한 318명(총 12,120시간)이었습니다. 함께한 노동자들의 사연이 인상적입니다.

저는 편의점 야간 알바를 합니다. 알바노동자에게는 식대가 지급되지 않습니다. 폐기만을 먹으며 9시간 동안 알바를 합니다. 아침과 점심 식사는 잠을 자느라 거릅니다. 하루에 두 끼의 단식이 저절로 됩니다. 야간 노동을 하지 않아도 되는 날까지, 폐기만 먹을 수밖에 없지 않아도 되는 날까지, 함께합시다. 비록 완전한 단식은 하지 않지만, 조금이나마 힘이 됐으면 좋겠습니다

이번 달도 나는 역시 돈이 없다!!!! 지금은 교통비도 없어서 어디 나가려면 음식을 포기해야 하고, 음식을 먹으려면 교통비를 포기해야 한다. 지긋지긋하다. 요즘 들어 두통이 심한데 병원은 고사하고 밖에 나가는 것도 일이 됐다. 식비 아끼려고 파주에 왔더니 이젠 교통비가 넘나간다. ㅜㅜㅜ 통장에 만원이 없어서 돈을 못 뽑는다.... cms 나가기 전에 빨리 뽑아야 하는데 ㅜㅜㅜ
최저임금위원회에서 사용자 측은 또 10년째 동결을 제출했다고 한다. 그들은 103만원으로 한 달 먹고살 수 있다고 했다. 지금처럼 산다면 103만원으로 못 살 것도 없다. 돈 없으면 밥을 굶고, 병원을 미루고, 월세 밀리고 그렇게 살면 한 달 103만원으로 살 수 있다. 더 이상 이렇게

살기 싫다. 살면서 기본적인 것들은 보장받을 수 있는 생활을 하고 싶다. 지금 당장 최저임금 1만원이 필요하다! ~~

단식을 시작하자고 결심하니 작년 6월이 생각났습니다. 홀로 자취를 시작하고 친구가 볶아 준 콩 한 봉지로 한 달을 버텼던 것. 그러다 너무 배가 고파 폐기를 먹을 수 있는 편의점 알바를 하기 위해 면접을 20개 이상 보았던 것. 친구를 만나도 매번 얻어먹기가 미안해서 다이어트를 한다고 거짓말을 했던 일. 참 서러웠습니다. 서러운 계절을 지나온 지 벌써 1년이 되어가지만 아직도 그때의 주린 배를, 부끄러워 제대로 말하지 못했던 그때의 감정을 지금도 고스란히 느낄 수 있습니다. 그러나 이 경험은 온전히 저만의 것이 아닙니다. 지금도 최저임금이 곧 최고임금인 수많은 알바노동자들이 겪는 보편적 경험입니다. 우리의 경험은 우리에게 6,030원을 주기로 결정한 사용자 측은 할 수 없는 것입니다. 경험하지 못했기에 이해할 수 없습니다.

최저임금위원회에서 사용자 측이 벌써 10번째 동결안을 들고 나왔습니다. 그들이 사는 세상에는 가격표를 보지 않고 옷을 사거나, 고민 없이 친구랑 약속 잡아 밥 먹고 영화를 보거나, 학자금 대출과 생활비를 걱정하지 않고 학교를 다니거나, 야근, 특근은 하지 않고도 살 수 있는 사람들만 있는가 봅니다. 제가 사는 세상은 물가가 하늘 높은 줄 모르고 치솟고 내리는 건 비뿐인 곳인데 말입니다.

그리고 또 하나의 금기를 깹니다. 인간 띠를 이어서 국회를 포위

한 겁니다. 경찰은 인간 띠 잇기 행사를 불법이라고 계속해서 방송했습니다. 하지만 생각해 보십시오. 평화롭게 손에 손을 잡고 국회 앞에 서 있는 행위가 공공의 질서와 안녕을 위협하는 것일까요? 역시 복종하지 않았고, 이후 경찰이 국회 앞 기자회견에서 구호를 외치는 것만으로 집시법으로 처벌하는 관행은 사라졌습니다. 물론, 그 이전에 활동했던 알바노조 조합원들과 연대했던 사람들은 계속 재판 중에 있습니다.

'최저임금 1만원' 시대를 열다

'최저임금 1만원' 운동은 2017년 3월 10일 대통령 박근혜의 파면과 함께 새로운 국면을 맞습니다. 최저임금이 결정되기 전에 저임금 정책으로 일관하던 대통령을 국민의 힘으로 몰아내 버린 겁니다. 시대가 바뀌었고, '최저임금 1만원'이 '운동'에서 행정부의 '정책'으로 바뀔 수 있는 기회가 왔습니다. 다행히 지난 총선과 마찬가지로 대부분의 대통령 후보가 최저임금 인상을 공약으로 내걸었습니다. 2020년까지 '최저임금 1만원'을 실현하겠다는 문재인 후보가 당선됐고, 2018년 시급은 1,060원 인상된 7,530원이 됩니다.

'최저임금 1만원' 운동은 노동계와 시민사회운동의 지속적인 캠페인과 운동을 통해서 국민적 의제가 되는 데 성공했고, 이것이 국회와 행정부에 영향을 주면서 제도화되는 과정을 거쳤습니다.

지금까지 최저임금 운동에서는 노동계가 액수를 인상하는 데 초점을 맞췄다면, 이젠 다음과 같은 과제들에 직면하게 될 것으로 보입니다. 첫 번째로 광범위한 재계의 반격에 대응할 방법을 찾아야 합니다. 사용자들과 보수 언론, 보수 정치인, 보수적인 학자들은 최저임금의 급격한 인상에 대한 부정적인 의견들을 쏟아내고 있습니다. 그리고 현장에서는 최저임금의 부담을 상쇄시키기 위한 각종 꼼수가 횡행합니다. 두 번째로 최저임금 인상과 함께 이뤄져야 할 사회개혁들을 어떻게 수행해 나갈지 준비해야 합니다. 이와 같은 내용들은 제3장 끝머리에서 이미 다뤘습니다.

알바노동운동의 전망

'최저임금 1만원'은 일종의 대국민 캠페인 운동입니다. 논리적으로 따지고 들어가 보면 '최저임금 1만원'은 모든 국민의 이해관계가 걸린 문제이지만, 현실 속에서는 취업에 성공한 최저임금노동자들의 이해관계와 직접적으로 연결되어 있습니다. 실업 상태에 있는 사람이나, 임금노동자가 아닌 사장님, 고임금노동자, 학생 등에게는 직접적인 이해관계가 없습니다. 그럼에도 '최저임금 1만원'이 국민적 지지와 공감대를 얻을 수 있었던 것은 임금격차를 줄이고 최소한의 생활을 보장해 주자는 경제 정의의 관점이 있기 때문입니다. 이것은 그 나라의 주권자가 최소한의 존엄을 지키며 살아가야 한다는 헌법적 가치이자 민주주의적 가치입니다.

육아를 하다가 혹은 취업을 준비하다가도 급히 돈이 필요해 일자리가 필요할 수 있습니다. 해고를 당하거나 사업에 실패했을 경우에 저임금노동시장으로 들어갈 수밖에 없다는 현실적인 위협도 있습니다. '최저임금 1만원'은 언제 저임금노동시장으로 유입될지 모를 이들의 미래 일자리를 지키는 역할을 합니다. '최저임금 1만원'은 당사자들의 이해관계를 뛰어넘는 국민적 의제로 떠올랐고, 덕분에 어느 정도 가시적인 성공을 거둘 수 있었습니다. 바로 이 지점에 불안정한 노동자들의 운동의 가능성과 한계가 동시에 있습니다.

먼저 불안정노동자들의 공통성을 찾기가 힘듭니다. 업종, 장소, 노동시간, 계약기간이 모두 다릅니다. 무엇보다도 현재의 상태를 인식하는 관점이 완전히 다릅니다. 다른 직업으로 이동하기 위한 일시적 경험, 생계비를 벌기 위한 생존, 자유로운 시간의 확보, '투 잡'을 위한 부수적 노동 등 다양한 동기를 가지고 있습니다. 이런 상황에서 자신이 알바노동자라는 의식을 갖기가 힘듭니다.

여기서 우리는 두 가지 길을 모색할 수 있을 겁니다. 노동자 정체성을 중심으로 한 노동운동으로 발전할 가능성과 전반적인 사회정의의 관점에 선 시민운동으로 발전할 가능성입니다.

아마도 노동운동과 시민운동이라는 용어는 불필요한 오해를 불러일으킬 수도 있을 것 같습니다. 이것은 역사성과 이념적인 문제와 연결되어 있습니다. 노동운동과 시민운동을 대립적으로, 즉 전자를 사회주의운동의 관점에서 바라보고 후자를 개량적인 운동으로 바라보는 것입니다.

여기서는 이런 이념적 구분을 말하고자 하는 것이 아닙니다. 오히려 노동운동은 시민운동이 되고 시민운동은 노동운동이 되어야 한다고 생각합니다. 여기서의 기준은 '보편성'입니다. 노동조합의 승리가 다른 계층의 이익과 연결되어 있지 않는 경우 지지를 받기 힘듭니다. 거꾸로, 시민운동이 노동자계급과 동떨어져 있다면 이 역시 보편성이 결여된 지엽적 주장이 될 것입니다. 노동조합이 환경운동을 할수 있습니다. 건설 노동자들이 건축 과정에서의 환경파괴를 감시할수도 있고, 노동조합이 여성의 인권을 위해 싸울 수도 있습니다. 의료노동자들은 공공 의료를 위해, 전교조는 공교육을 위해 싸울 수 있습니다.

알바노동자들은 유니폼을 벗는 순간 시민이 됩니다. 이 시민들이자본을 위해 사용하는 시간이 소비이며, 알바노동자가 시민이나 소비자가 되는 시간이 길 수도 있습니다. 반면, 이 시민이 공공의 이익이나 공동체를 위해 사용하는 시간이 길어지면 진정한 주권자가 될수 있을 겁니다. 결국 이 시간을 어떻게 구성하느냐가 운동의 과제일것입니다. 따라서 알바노동자들의 운동이 반드시 노동 의제에만 머물러 있을 필요는 없습니다. 다양한 의제들과 연결됨으로써 시너지를만들 수 있을 거라 믿습니다.

한편, 또 다른 가능성도 있습니다. 불안정노동자들이 유목민처럼그저 떠돌아다니는 것만은 아닙니다. 유목민에게도 양과 텐트는 있었고, 이동을 하더라도 어느 정도 정보가 있는 땅으로 갑니다. 알바노동자 역시 마찬가지입니다. 한 매장에 4~5년간 장기적으로 일해서관리자인 매니저보다 막강한 영향력을 행사하는 노동자가 있는가 하면, 한 매장은 아니지만 한 업종에서 10년 넘게 일하는 사람도 있습니다. 배달을 하면 버거킹, 맥도날드, 롯데리아에서 순환하거나, 영화관에서 일을 하면 CGV, 롯데시네마 등을 순환하는 식입니다.

한 매장에서 2년 이상 일을 하면 정규직으로 기간의 정함이 없는 노동자(무기계약직)가 되지만, 사내하청 비정규직이나 공공기관 비정규직과 달리 알바노동자에게 이것이 중요한 의미로 다가오지는 않습니다. 노동조건이 특별히 좋은 게 아니기 때문에 일자리를 지키는 것이 중요하지 않기 때문이라고 생각하기 쉽습니다. 물론 이런 측면이 없는 건 아니지만, 좀 더 능동적인 이유도 있습니다. 알바노동을 하는 많은 사람은 '자유롭게' 일하는 것을 꿈꿉니다. 정규직노동자로 살면서 회사의 노예처럼 일하고 얽매이는 게 싫은 사람들이 존재하는 겁니다. 이것은 어쩌면 '노동으로부터의 해방'을 새로이 생각하게 만듭니다. 지금까지 '노동해방'을 말하는 '진보세력'은 열심히 노동하는 노동자들의 조직을 만드는 것을 목표로 해 왔습니다. 그래서 노동조합의 임금 투쟁이 가장 중요한 사안이 되어 왔습니다.

현실적인 어려움도 있습니다. 사회안전망이 전무하니 해고되거나 임금이 오르지 않으면 정말로 먹고살 길이 막힙니다. 그래서 기존의 운동에서는 공장으로 돌아가는 것이 핵심적인 주장이 됩니다. 그런데 이렇게 투쟁해서 쟁취할 지위가 열심히 일해야 하는 노동자라면 그것이 과연 해방일지 고민해 볼 필요가 있습니다. 더 많은 돈을 벌기 위해 연장과 야근을 밥 먹듯이 하는 게 해방일까요? 자신의 생계를 위해 억지로 일해야 하는 시간으로부터 벗어나는 것이야말로 진정한 노동해방이 아닐까요? 이 질문에 대한 대답이 바로 다음 세대 노동운동의 방향을 결정하게 될 것입니다.

월급 계산하는 방법. 209를 기억하세요!

월급을 계산할 때, 1주일 가운데 5일 동안 매일 8시간 일했으니 1주일에 40시간 일한 것이고 한 달이 4주니까 160시간에다 시급을 곱하면 된다고 생각하는 분들이 많습니다. 그런데 월급을 계산할 때는 시급에 160이 아니라 209를 곱합니다.

먼저 주휴수당이라는 것이 있습니다. 근로기준법 제55조(휴일) 조항은 이렇습니다. "사용자는 근로자에게 1주일에 평균 1회 이상의 유급휴일을 주어야 한다." 주5일을 일하면 나머지 이틀 가운데 적어도 하루는 일하지 않아도 일한 것으로 쳐서 급여를 주어야 한다는 것입니다.

물론 단서가 있습니다. 1주일에 15시간 이상 일해야 한다는 것입니다. 어쨌든 주 40시간 일한 노동자의 월급을 계산할 때는 1주일에 48시간 일했다고 칩니다.

그런데 모든 달이 30일인 것은 아닙니다. 31일인 달도 있고, 2월은 28일이며, 심지어 29일인 해도 있습니다. 하지만 매달 일수를 따져서 임금을 주는 것이 복잡하므로, 1년을 기준으로 계산해 12로 나눈 금액을 월급으로 주기로 정했습니다.

1주일에 40시간 노동한 사람의 임금을 계산할 때의 하루 평균노동시간은 주휴수당을 포함하면, (40시간+8시간)/7이 됩니다. 여기에 365를 곱하고 이를 12로 나누면 월급을 계산할 때의 노동시간이 나옵니다. (40시간 + 8시간) ÷ 7일 × 365일 ÷ 12개월 ≒ 208.57시간입니다.

209라는 숫자는 이렇게 나온 것입니다. 살아가면서 꽤 여러 번, 어쩌면 달마다 마주칠 숫자이니 잘 기억하시기 바랍니다.

제6장

햄버거 대신 노조를 배달하다

알바노동자들이 겪는 여러 문제를 해결하면서 항상 벽에 부딪히는 지점이 있었습니다. 알바노조나 알바상담소가 피해를 당한 사람의 문제를 대신 해결해 주는 것은 오히려 쉬웠습니다. 노조 활동가들은 사장과 인간적 유대도 없고, 함께 일하는 사람으로부터 따돌림을 당하거나 직접적으로 욕을 먹을 위험이 없었기 때문입니다. 사회적 이슈가 되기라도 하면 언론 등으로부터 지지를 받았기 때문에 신이 나기도 했지요. 하지만 문제를 제기한 사람은 '내부 고발자'가 됩니다. 배신자가 되거나 사장에게 피해를 입힌 골칫거리가 됩니다. 삶을 위해서 계속해서 일해야 한다면 더욱 곤혹스럽지요. 그래서 주휴수당이나 최저임금 같은 사안들은 일을 그만두기 직전이나 일을 그만둔 후에 문제를 제기하는데, 이럴 경우 문제를 해결하더라도 이후 그 사업장에 취직한 다른 알바노동자들의 노동환경이 변했는지는 확인할 길이 없습니다. 설령 개별 사장님들과 단체교섭을 맺더라도, 단체교섭을 맺었던 최초의 알바노동자가 일을 그만두거나 해고되면 이 단체교섭이 지켜지는지조차 파악할 수가 없게 됩니다.

심리적인 문제도 있습니다. 노조에 가입한 조합원들은 사업장을 벗어난 광장에서는 당당하게 구호를 외치지만, 정작 일하고 있는 매장에 가면 「근로기준법」 위반을 보고도 침묵해야 하는 분열적인 상황에서 자괴감을 느낍니다. 자신이 일하고 있는 곳에서 자신을 지지해 줄 사람들의 관계망을 만들거나 이를 바탕으로 목소리를 내는 것은 매우 어려운 일이었습니다. 너무나 쉽게 해고가 된다는 점, 중간에 그만두는 경우가 많다는 점, 최저의 일자리니깐 굳이 이 일자리를 지키기 위해 싸울 이유가 없다는 점, 사장님과 일하는 사람들과 매일 얼굴을 맞대야 한다는 점 따위가 그 이유입니다. 하지만 100번의 고민보다 한 번의 경험과 시행착오가 더 값진 법입니다.

맥도날드에 취직하다

2017년 1월, 맥도날드 모 매장에 취직했습니다. 햄버거를 배달하는 라이더였습니다. 답답하지 않게 바깥 공기를 마시며 일하고 싶었습니다. 또, 맥도날드뿐만 아니라 다른 곳의 배달 노동자들도 포괄하는 조직을 만들어 보고 싶기도 했습니다.

알바몬과 알바천국을 뒤져서 사람을 모집하는 매장을 찾았습니다. 맥도날드는 인터넷 mcalba.co.kr에서 구직 희망자들의 원서를 받아 사람을 뽑습니다. 사진과 개인정보를 올리면서, 혹시나 알바노조 위원장인 저를 알아보지 않을까 불안했습니다. 면접 당일에는 안경을 벗고 갈까, 평소 입던 옷과 다른 옷을 입고 갈까, 별의별 고민을 다했습니다. 예상 질문을 뽑아서 대답을 준비하기까지 했습니다. 전에 뭐 했냐고 질문할까 봐 가장 걱정이 컸습니다. 나이가 서른셋인 사람이 맥도날드 배달 알바를 하는 것이 영 이상하다고 생각했기 때문입니다. 제 안에도 알바에 대한 일종의 편견이 있었던 것입니다. 논술 강사를 하다가 입시가 끝나서 맥도날드 알바를 하는 것이라는 대답을 준비했습니다. 가르치는 일이 너무 스트레스라 몸 쓰는 일을 하고 싶다는 취지였는데, 실제로 그 질문이 나왔고 준비한 대로 대답했습니다.

다행인지 불행인지, 면접 담당 매니저는 제가 누구인지 알아보지 못했습니다. 그의 관심은 오토바이를 탈 수 있는지, 마른 체형의 남자가 이 힘든 배달 일을 견딜 수 있는지 따위였습니다. 사실 스쿠터는 8년 전에 잠깐 타 본 게 전부였습니다. 맥도날드 본사에 그렇게 뻔질나게 드나들고 신문에도 여러 번 났는데, 절 못 알아보는 것에 자존심이 살짝 상하기도 했습니다. 취직해서 좋기도 하고 못 알아봐서 서운하기도 한 오묘한 감정이었습니다.

취직을 하고 나서는 정신이 없었습니다. 겨울이었는데도 엄청나게 더웠습니다. 오랜만에 모는 스쿠터가 익숙하지 않아 긴장해서 추위를 느낄 틈이 없었습니다. 게다가 잘 모르는 동네의 주소 체계를 알 수 없어서, 오토바이 바퀴는 빨리 도는데 엉뚱한 골목길을 돌다가 늦게 배달하는 경우가 비일비재했습니다. 시간이 늦었으니 계단을 뛰어다녀서 그 추운 겨울날 땀이 날 지경이었습니다.

마음이 급한 것도 있었습니다. 이때 저의 신조는 매니저도 감동할 만큼 열심히 일만하자는 것이었습니다. 최소한 매장 사람들로부터 욕먹거나 고립되지 않고 싶었습니다. 어떤 주장을 하는 것은 쉽겠으나, 그 공간을 떠나지 않고 일상을 견디려면 최소한 함께 일하는 사람들의 눈빛을 따갑게 느끼지는 말아야 할 것 같았습니다. 개인에게 비수를 꽂는 것은 공권력이나 회사의 탄압이 아니라 동료의 비아냥대는 한마디인 경우가 많습니다. 나중에는 좀 덜해졌지만, 초반에는 항상 15분에서 20분 일찍 출근했습니다. 알바노조에서는 이런 시간도 노동시간이라고 주장하지만, 실제 매장에서는 통하기 쉽지 않았습니다. 그리고 도로명 주소 체계를 빠르게 외워 버렸고, 길이 익숙한 뒤로는 다른 라이더보다 많이 배달하기 위해 노력했습니다. 매장에서 필요하다고 하면 근무시간도 맞춰 주었습니다. 가장 바쁘지만 사람들이 하기 싫어하는 토요일과 일요일에 항상 일했고, 설날 같은 명절에도 일했습니다.

시간이 지나면서, 특히 반년이 지나면서부터는 이런 결심들이 하나둘씩 무너지긴 했습니다. 결정적인 계기는 4만원짜리 과태료 때문이었습니다. 교통법규를 한 번 어겼더니, 하루치 일당이 날아가 버리는 겁니다. 배달 한 번에 받는 수당이 400원인데 빨리 하려다가 4만원 과태료를 맞으면 100건이 날아가 버리는 겁니다. 너무 허무했습니다. 게다가 이 돈 더 받으려고 더 열심히 하다가 몸이라도 다치면 저만 손해라는 생각을 했습니다.

아무튼 초반에 열심히 일한 결과, 조금씩 신뢰를 쌓아 갔습니다. 하나의 사건이 있기 전까지는 말입니다.

경찰이 알아보다

어느 날 알바노조에서 맥도날드와의 단체교섭을 요구하며 시위를 벌였습니다. 행진을 벌이다 중요한 장소에서 집회를 하는 방식이었는데, 그 코스 중에 한 곳이 하필 제가 일하는 매장이었습니다. 서로 모른 척하기로 약속했으니 무슨 일이 있겠나 싶었습니다. 집회 시간이 코앞으로 다가왔고, 매장 주변에는 무장한 경찰들이 배치되기 시작했습니다. 직원들 사이에서 "우리 매장에는 노조원들도 없는데, 왜 여기서 시위하는지 모르겠어요"라는 소리도 들리고, "이런 거 해줘야 해"라고 읊조리는 사람들도 있었습니다. 저는 전혀 모르겠다는 표정으로 열심히 배달하고 있었습니다.

배달을 마치고 매장으로 돌아오는 길에 노조원들이 매장 앞에서 집회를 하고 있는 것을 발견했습니다. 보통 헬멧이 무겁기 때문에 배달이 끝나면 벗어서 오토바이에 걸어 놓습니다만, 이날은 얼굴을 가리려 헬멧을 벗지 않았습니다. 순간적으로 수많은 눈빛이 오고갔고 웃음을 참느라 고생했습니다. 애써 모르는 척하고 지나갔는데, 내가 알고 있던 사복경찰 한 명이 뭔가 수상했는지 매장으로 들어왔습니다. 저는 뒤도 돌아보지 않고 매장 문을 열고 들어갔습니다. 그런데 매장 곳곳에는 역시 제가 알고 있던 사복 경찰들이 앉아 있었고, 일제히 저를 쳐다보며 일어났습니다. 저는 곧장 카운터 뒤편에 있는 라이더 대기실로 갔습니다. 뒤따라오던 경찰은 나를 살펴보기 위해 카운터로 와서 주문을 하는 척했습니다. 나는 눈을 마주치지 않기 위해 회피했지만 우려했던 사달이 났습니다.

일을 마치고 퇴근하다, 저를 기다리고 있던 경찰과 이야기를 나누어야 했습니다. 경찰은 이미 점장에게 확인한 뒤였습니다. 저 사람 박정훈 씨 아니냐고. 점장은 그런 사람 없다고 대답했다가 거듭 확인하니깐 점장도 저라는 걸 뒤늦게 깨달았던 것 같습니다. 전혀 상상도 못했던 것 같습니다. 이때까지만 해도 맥도날드에는 블랙리스트는 없던 모양입니다. 저는 경찰에게 남의 직장에서 뭐하는 짓이냐고 항의를 했지만, 이미 엎질러진 물이었습니다. 저는 당장 점장과 대화를 요청했고, 조용히 일만 하려고 왔다고 했습니다. 직속 매니저에게도 전화로 정체를 밝히고 생계를 위해 왔다고 이야기했습니다. 거짓말은 아니었습니다. 먹고사는 것도 취업한 중요한 목적이었지요. 그리고 사실 이때까지만 해도 과연 노조를 만들 수 있을까 반신반의하고 있었던 차였습니다. 물론, 조용히 일만 하겠다는 말은 훗날 거짓말이 됐습니다.

좌절하다

3개월 정도가 지나면서 일도, 동네 지리도 익숙해졌습니다. 주소를 보면 인터넷 지도 검색이 필요 없이 배달을 갈 수 있었습니다. 단골의 주소와 얼굴을 외울 정도가 됐지요. 하지만 동료들과 관계를 맺는 것은 쉬운 일이 아니었습니다. 함께 밥을 먹는 시간도 없었고, 출퇴근 시간도 모두 달랐습니다. 내가 퇴근을 하면 누군가 출근을 하는 교대 시스템이었습니다. 주문이 별로 없는 오전 7시부터 1명씩 출근을 시작해서 8시, 9시, 10시 순차적으로 출근하는 시스템입니다. 그래서 피크 시간대인 11시부터 2시까지는 4~5명의 라이더를 유지합니다. 출근시간이 다르니 퇴근시간도 다릅니다. 내가 퇴근을 하면 누군가 출근을 하게 됩니다.

노동시간도 5.5시간에서 7.5시간으로 다양했습니다. 8시간은 잘 없는데, 여러 사람의 근무를 쪼개서 넣기 때문이기도 하지만 8시간 일하면 매장에 그만큼 오래 있어야 하기 때문이기도 합니다. 「근로기준법」상 4시간 일을 시키면 30분의 휴식시간이 주어집니다. 그래서 8시간 일하면 1시간의 휴식시간이 주어져서 총 9시간 동안 매장 안에 있게 됩니다. 1시간의 휴식시간은 무급입니다. 그런데 7시간 30분을 일하면 1시간이 아니라 30분의 휴게시간만 가게 됩니다. 총 8시간만 매장 안에 있으면 되는 것이지요. 7.5시간과 8시간의 노동시간 차이는 30분 차이에 불과하지만 매장에 있어야 할 시간은 1시간이나 차이가 나기 때문에 일하는 입장에서도 7.5시간이 낫습니다. 물론 30분 안에 밥을 해결해야 하지만, 8시간 일하더라도 1시간을 휴식하게 하기보다는 30분씩 쪼개서 쉬게 합니다. 휴식으로 인한 인력 공백을 최소화하기 위한 방법입니다. 그래서 라이더의 경우, 두 명을 한꺼번에 휴식 보내는 경우가 없습니다.

흔히 비정규직을 유연화된 노동의 모습이라고 하지만, 알바노동이야말로 노동유연화의 '끝판 대장'입니다. 만남 자체가 순간이기 때문에 다른 사람과 관계를 맺는 것이 가능할까라는 의문이 들었습니다. 게다가 일을 마치고 나면 너무 피곤해서 아무것도 하기 싫고 드러눕고 싶습니다. 아, 역시 이런 곳에서는 노동조합 같은 건 꿈도 못 꾸겠구나, 좌절했습니다.

배달 노조가 만들어지다

시간이 좀 더 흐르면서, 다른 알바들과 대화를 할 수 있게 됐습니다. 아무리 노동이 유연화되어 있더라도, 주간과 야간, 주말과 평일, 이렇게 크게 네 개의 파트로 나뉘어서 고정적으로 일하는 소수의 사람이 있었기 때문입니다. 주말 주간에 일하는 사람과 자주 얼굴을 보면서 친분을 쌓을 수 있었습니다.

여름철 내리는 비에 젖고 흐르는 땀에 젖으며 시간이 갈수록 관계도 끈끈해졌다. 이번 달 월급을 받으면 무엇을 할지, 방금 만난 진상 손님이 어땠는지 등 소소한 일상을 나누면서 조금씩 서로를 이해하게 됐습니다. 차와 술을 마시며 지나온 삶과 가야 할 삶을 나누기도 했습니다. 햄버거가 패스트푸드라고 그것을 만드는 사람의 삶까지 패스트푸드는 아니었습니다.

매장 안에서는 직업이 글 쓰는 사람으로 되어 있었기 때문에, '인터뷰' 명목으로 각자의 삶에 대해 자세히 들을 수 있는 기회도 생겼습니다.

그렇게 이야기를 나누다 보니, 축구와 농구를 좋아하는 사람들을 발견하게 됐고, 저도 취미가 스포츠라 바로 모임을 만들 수 있었습니다. 맨 처음 축구 모임을 할 때는 10여 명이 한꺼번에 스케줄을 빼서 매니저의 눈총을 받기도 했습니다. 오랜만에 축구를 하고 피곤해서 출근을 못하는 사람도 생겨 곤란하게 되기도 했지만, 덕분에 유대를 쌓을 수 있게 됐습니다. 또, 금방 그만두지 않고 6개월 정도 꾸준히 일하니 매장 안에서도 경력직으로 인정받기 시작했습니다. 1년 정도 흘렀을 때는 라이더 중에서는 꽤나 오래 일한 사람이 되었습니다. 과거에 노동운동을 했던 사람들의 이야기를 들으면 공장에서 10년 정도 일해야 권위가 생긴다고 했는데, 극단적으로 유연화된 알바노동시장에서는 1년만 지나도 경력직으로 인정받을 수 있었습니다. 덕분에 자연스럽게 노동조합원이 늘기 시작했습니다. 가입의 이유는 딱히 없었습니다. '좋은 일 하네'였습니다.

조합원들도 늘어나고 제 경력도 늘어나면서, 인간관계와 일에서 어느 정도 자신감도 생겼습니다. 뭔가를 주장했을 때 최소한 나를 비난하지 않겠구나, 확신이 생겼습니다. 그래서 이러저런 불만들을 적극적으로 듣고 정리하기 시작했습니다.

가장 흔한 불만은 먹는 것과 관련된 것이었습니다. 맥도날드는 식사로 햄버거를 줍니다. 이게 일주일에 한두 번이야 괜찮지만 매일 햄버거로 식사를 한다고 생각하면 지긋지긋합니다. 게다가 직급별로 먹을 수 있는 햄버거의 종류도 다릅니다. 최하급의 크루들은 '빅맥'과 '상하이'가 최고의 햄버거입니다. 물론 매니저와 좋은 관계를 유지하면 '쿼터파우더 치즈버거'를 먹을 수 있지만, 쉽게 남에게 부탁하는 사람이 아니면 그런 버거를 먹을 수가 없습니다. 아토피가 있거나 햄버거를 먹으면 안 되는 사람은 식사를 할 수가 없습니다. 제가 어떤 강연에 가서 맥도날드에서 직급에 따라 먹을 수 있는 햄버거가 다르다고 이야기하면, 듣고 있는 사람들에게서 일제히 탄성이 나오면서 어떻게 그럴 수 있냐는 반응이 나옵니다. 특히 어르신들이 이런 반응을 보이는데, 먹는 장사하면서 먹는 걸로 그러면 안 된다는 반응이 대부분이었습니다. 이럴 때 꽤 큰 위로를 받습니다. 밥 먹는 것에 대한 중요성, 땀 흘리는 사람이 밥은 제대로 먹어야 한다는 공감대, 서로에 대한 연대의 감정을 느끼기 때문입니다.

그래서 햄버거 대신 식대를 달라는 요구가 많이 나왔습니다. 하지만 이건 본사 차원에서 해결할 수 있을 것 같았습니다. 매장 차원에서만큼은 직급에 상관없이 아무 햄버거나 먹을 수 있게 해 달라는 요구로 바꾸었습니다. 광장에서 말할 때는 식대를 요구할 수 있겠지만 실제로 매장에서 일할 때 사람들은 좀 더 현실적인 변화를 갈망했던 것입니다.

또 다른 불만은 10만원어치를 배달해도, 최소 배달 금액인 1만원어치를 배달해도, 배달 수당이 건당 400원으로 똑같다는 점입니다. 10만원짜리를 배달하려면 음식 만드는 걸 기다리는 시간도 깁니다. 보통은 두세 건의 주문을 들고 매장을 나서지만, 대량 배달의 경우에는 한 번 나가서 한 군데밖에 배달하지 못합니다. 라이더로서는 손해입니다. 배달을 순서대로 잡는데, 자기 차례에 대량 주문이 걸리면 재수 없다 생각하게 되는 것이지요.

헬멧도 문제였습니다. 특히 땀을 많이 흘리는 여름에는, 여럿이 함께 쓰다 보니 헬멧에서 냄새가 많이 났습니다. 팔꿈치와 무릎에 대는 보호 장비 역시 공용인데, 크기가 맞는 것을 찾기 위해 상당한 시간을 허비해야 합니다. 맞는 것 찾는 게 귀찮아서 안 해 버리는 경우도 많았습니다.

이런 요구 사항들을 모으고 추려서 문서로 만들어 회사에 전달하자고 제안하고 다녔습니다. 덕분에 10여명이 함께하는 '카톡방'이 생기고 이곳에서 의견들을 모아 완성된 문서를 점장님께 전달했습니다. 최대한 공손한 어투로 썼지만, 점장 생활하면서 처음 겪는 일이라고 하면서 적지 않게 당황했습니다. 아무리 이런 일이 익숙했다 해도, 얼굴 보는 사이에 문서를 만들어서 들이미는 것은 저에게도 어색

하고 조금은 용기가 필요한 일이었습니다.

집단행동과 내분

매장 차원에서 할 수 있는 조치들은 바로 진행이 됐습니다. 라이더 대기실에 헬멧과 보호 장비를 보관할 수 있는 개인 사물함이 생겼습니다. 오래 일한 라이더들에게 먼저 배정됐고, "이후에는 모든 라이더들에게 배정됐습니다. 그동안 지급되지 않았던 마스크도 일제히 지급됐습니다. 새로 입사한 사람들이나 이 과정들을 잘 모르는 직원들은 처음부터 있는 것이라고 생각하거나 회사의 배려라고 생각하는 경우도 있었습니다. 누가 어떤 노력을 통해서 이루어졌는지는 중요하지 않았습니다. 함께 의견을 모아 전달하면 조그마한 변화라도 만들어진다는 사실이 중요했습니다.

하지만 쟁점이었던 대량 주문에 대한 추가 수당은 관철되지 않았습니다. 이에 산발적인 단체행동이 벌어졌습니다. 자체적으로 2만5천원 이상의 대량 주문이 들어오면 장부에다가 추가 건으로 기재하기 시작한 것입니다. 매장에게도 알렸습니다. 일사불란한 행동은 아니었습니다. 조합 내부에서 반대 의견도 나왔고, 동참하지 않는 라이더들도 있었습니다. 조합원들 사이에 의견이 첨예하게 갈려서 이를 조정하기 위해 새벽 1시에 회의를 하기도 했습니다. 주간조와 야간조가 다 같이 만날 수 있는 시간은 그 시간밖에 없었기 때문입니다. 저항하는 의미가 있다는 의견과 일종의 횡령이라는 의견이 맞섰습니다.

매장에서도 이것을 계속 방치할 수는 없었습니다. 일일이 대량 주문을 기록한 것을 지우기 시작했고 개별적인 면담도 진행됐습니다. 쉽게 합의되지 않았고, 저 역시 모든 라이더를 대표하는 것이 아니기 때문에 다수의 라이더와 함께 이야기하는 자리가 만들어졌습니다. 분기마다 매장에서의 고충 사항을 이야기하는 일종의 노사협의회인 '랩 세션'이 열렸습니다. 그동안은 형식적으로 이루어져 왔지만 10여 명의 직원이 참가했습니다. 매장에서도 진지하게 고충을 기록하고 그 내용을 공지 사항으로 게시했습니다.

물론, 임금과 관련된 사안들은 관철될 수 있는 게 없었습니다. 본사의 규정을 따라야 한다는 입장이었기 때문입니다. 어느 정도 이해가 가는 장면입니다. 점장 역시 월급쟁이니까요. 하지만 식사 규정의 경우, 본사에도 의견을 전달해 보겠다는 점장의 태도가 랩 세션 결과 게시물에 적혀 있어 상당히 기분이 좋았습니다. 이런 작은 것에 좋아하는 게 이상해 보일지 모르겠지만, 현실의 벽을 생각하면 감격스럽기까지 합니다.

약 3개월간의 이야기와 집단행동 그리고 협상을 통해 우리가 얻은 것은 사물함과 마스크, 그리고 직원을 대할 때 좀 더 친절한 매니저의 태도 등이었습니다. 물론 작은 성과였지만, 함께 목소리를 낸다면 변화를 일으킬 수 있다는 것, 그리고 그것이 반드시 노동조합이 아니어도 된다는 점에서 다양한 상상을 할 수 있는 경험이었습니다.

위장 취업이 불가능한 시대

지금까지의 이야기를 들어 보면 마치 위장 취업을 통해 노동조합이 만들어진 것 같습니다. 하지만 지금은 '위장 취업'이라는 말이 성립 불가능한 시대입니다.

위장 취업이라는 단어가 가지는 한계가 있습니다. 자신의 존재는 노동자가 아니지만 신분을 위장하여 노동자가 되어서 조직한다는 것이 그 말의 의미입니다. 예전에는 이를 가리켜 "존재를 이전한다"라고까지 했다고 합니다. 이것은 조직하는 사람과 조직당하는 사람의 이분법, 엘리트와 노동자라는 이분법을 만들어 냅니다. 하지만 사람의 존재라는 게 무 자르듯이 나눌 수 있는 것이 아닙니다. 흔히 노동자라고 생각하는 월급쟁이들도 근무시간에는 노동자였다가 퇴근 후에는 소비자가 되기도 하며, 재테크를 잘해서 건물 몇 개를 굴리는 임대 사업자가 될 수도 있습니다. 사실 여기서 이야기하는 '노동자'라는 존재도, 학력이 낮고 기름때 묻히고 열심히 일하는 가난한 사람이라는 편견과 관념이 만들어 낸 존재일 수 있습니다.

또, 활동가라고 자처하는 저에게 포기할 것이라는 게 없었습니다. 좋은 학벌과 좋은 직장을 때려치우던 과거의 위장 취업자들과 저의 상황은 완전히 달랐습니다. 대학 졸업장이 미래를 보장해 주지 않는 시대입니다. 따라서 제 삶을 포기하고 현장으로 간다는 것 자체가 성립하지 않는 것입니다. 이런 '포기'는 선민의식이나 무언가를 베풀었다는 불필요한 자의식의 과잉을 낳습니다.

오늘날의 알바노동자들이 과거 공순이, 공돌이라 불리던 노동자가 아니냐고 말하는 사람이 있을 수도 있습니다. 하지만 알바노동을 선택하는 사람이 모두 불쌍하고 학력이 낮은 가난한 사람은 아닙니다. 알바가 자신의 꿈을 이루기 위해 필요한 시간과 생활비를 확보할 수 있는 일자리이기도 합니다. 뮤지션이 꿈인 사람, 공무원 시험을 준비하는 사람, 야근과 군사적인 기업 문화를 피해 대기업을 때려치우고 온 사람, 개인 사업을 하다 망해서 온 사람, 직원의 임금을 주기 위해 온 개인 사업자, '투 잡'을 뛰는 사람 등 다양합니다.

알바노동자들이 일자리를 정할 때 중요한 기준은 시간입니다. 사실 이 이야기는 참으로 안타까운 한국의 노동시장 때문에 발생한 이야기입니다. 보통의 직장에서는 '칼퇴'가 불가능합니다. 회사 조직에서 살아남기 위해서 일하는 시간 이외에 회식과 부장님과의 등산 등 다양한 업무를 수행해야 합니다. 그러나 알바는 칼퇴가 가능합니다. 칼퇴만 보장되더라도 다른 꿈을 꾸는 삶을 도전해 볼 수 있는 직장으로 여겨지는 것입니다. 만약 정규직 일자리에서 칼퇴는 물론 노동시간도 단축된다면 좀 더 다양한 삶의 모습이 나올 수 있을 것입니다.

'워라밸'이 새로운 삶의 기준이 되면서 알바노동이 일종의 선택지로 떠오르고 있습니다. 물론, 알바노동자들은 임금이 매우 낮기 때문에 생활비를 얻기 위해서는 노동시간을 늘려야 하고, 반대로 더 많은 여유시간을 얻기 위해서는 노동시간을 줄이고 궁핍한 삶을 견뎌야 하는 딜레마에 빠지게 됩니다. 사실 이 시간과 돈의 딜레마에서 벗어나는 것이 이 책의 주제이기도 합니다.

아무튼, 이런 상황에서 '구원자'의 정체성은 애초에 불가능합니다. 다만 '조력자'일 수는 있습니다. 퇴직금, 주휴수당, 최저임금, 해고, 산재 등 법으로 보장될 수 있는 권리들을 자세히 조언해 줄 수 있는 사람의 존재는 분명 알바노동자에게 큰 이득이 됩니다. 그것은 좋은 음악을 듣고 싶을 때 소개해 줄 수 있는 동료의 존재와 비슷합니다. 게다가 그런 사람에게 다양한 문화 자본과 사회적 자본이 있을 수 있습니다. 그중에서도 가장 큰 자원은 다양한 복지제도를 알고 있는 게 아닐까 합니다. 청년희망통장, 청년수당, 청약통장, SH공사 등의 존재를 아는 청년 노동자는 거의 없었습니다. 복지정책에 대한 지식의 차이는 현실정치에 대한 지식과 정보의 차이에서 나옵니다. 한국의 복지제도는 선별적 복지제도이기 때문에 수혜 당사자가 정보를 공부해서 신청해야 하고, 이 복지 수혜를 받기 위해서는 좀 더 가난해야 하기 때문입니다. 상상이지만, 만약 유력한 정당이 소득 150만원 이하의 노동자에게 15만원을 주는 정책을 공약으로 내걸었다는 사실을 안다면 사람들은 그 정당이 다수 의석을 확보했는지 관심 있게 지켜볼 것입니다. 그리고 국회 일정도 알아볼 거고 뉴스도 챙겨 보겠지요. 또 임금이 140만원 정도의 노동자라면 다른 알바로 인해 월급이 151만원이 나오지 않도록 관리할 것입니다. 이것은 모두 정치나 사회적 자본과 연결되어 있습니다.

실제로 맥도날드 매장 사람들에게 지역의 의료생협을 소개해서 운동 프로그램을 공짜로 이용할 수 있는 기회를 만들었습니다. 청년 건강프로젝트의 하나였습니다. 이 활동을 통해서 한 명이 조합에 가입하기도 했는데, 이런 사회적 문화적 자본들을 노동하는 사람들과 연결하는 역할들을 해 볼 수는 있을 것입니다.

매장 내의 노동조합이 어떤 미래를 맞이할지는 모르겠습니다. 조합원 중 한 명은 군대에 갔고, 한 명은 다른 곳에 취직했습니다. 곧 아이가 나오는 한 명의 조합원은 생활비를 더 벌기 위해서 배달 대행을 알아보고 있습니다. 무엇보다도 제가 재계약이 안 될 가능성이 매우 높습니다. 하지만 4~5년 넘게 같은 일을 하는 소수의 사람들도 있습니다. 이들은 매장의 매니저나 점장보다 경력이 오래되기도 합니다. 이런 경력자들은 알바노동자들 사이에서 분명한 힘을 가집니다. 이 힘이 기업을 위해 쓰이는 것이 아니라 함께 일하는 사람들을 위해 쓰인다면 노동조합을 건설하는 것도 꿈만은 아닐 겁니다. 마치 유목민처럼 돌아다니는 알바노동자들에게 이정표와 같은 역할을 하는 것이지요.

지역 거점을 만들어 볼 수도 있습니다. 강남처럼 배달 주문량이 많은 지역이나 합정처럼 교통의 요충지에 자조 모임이나 쉼터를 중심으로 배달 노동자들을 모아내고 배달 노조나 '마을 노조'를 건설할 수도 있을 겁니다.

이를 위해서는 노동운동이 조금 더 유연해질 필요가 있습니다. 한국 사회에서 노동조합은 노동자들이 쉽게 선택하기 어려운 형태이며, 또 과반수 노조가 아니면 단체교섭조차 맺을 수 없습니다. 이런 상황에서 노동조합보다 가벼운 형태의 노동자들의 관계망이 조그마한 노동조건을 바꿀 수 있습니다. 노사협의회가 유력한 대안이 될 수도 있습니다. 물론, 노사협의회에도 노동자 스스로의 참여와 용기가 필요하지만 노사협의회는 법적 의무 사항입니다. 아무런 근거 없이 사장 보고 만나자고 하는 것보다는 낫습니다. 현행법에서는 노사협의회를 30인 이상 사업장에만 두게 되어 있는데, 이를 모든 사업장에 적용한다면 용기 있는 노동자가 자신의 목소리를 낼 수 있는 제도적 장치를 만들 수 있을 겁니다. 또 노사협의회 노동자 대표들 간의 네트워크 조직이 만들어진다면, 매장을 넘어서 본사 차원의 협상도 모색해 볼 수 있을 겁니다.

물론, 지금까지의 이야기는 맥도날드 직영점에서의 경험, 최소한 대기업이 운영하는 프랜차이즈에서 시도해 볼 만한 이야기들입니다. 1인 사업장인 편의점이나 영세한 사업장에서는 시도하기 힘든 일들입니다.

시도하지 않으면 오류도 없습니다. 하지만 오류가 없으면 고칠 것도 없습니다. 이 글을 읽는 독자들 중에서 새로운 상상력을 가지고 자신이 일하고 있는 곳에서 작은 시도를 해 보았으면 합니다. 지금 힘들어 하는 동료에게 문자메시지 한 번 날려 보는 건 어떨까요?

월급 계산하는 방법, 209를 기억하세요!

월급을 계산할 때, 1주일 가운데 5일 동안 매일 8시간 일했으니 1주일에 40시간 일한 것이고 한 달이 4주니까 160시간에다 시급을 곱하면 된다고 생각하는 분들이 많습니다. 그런데 월급을 계산할 때는 시급에 160이 아니라 209을 곱합니다.

먼저 주휴수당이라는 것이 있습니다. 근로기준법 제55조(휴일) 조항은 이렇습니다. "사용자는 근로자에게 1주일에 평균 1회 이상의 유급휴일을 주어야 한다." 주5일을 일하면 나머지 이틀 가운데 적어도 하루는 일하지 않아도 일한 것으로 쳐서 급여를 주어야 한다는 것입니다.

물론 단서가 있습니다. 1주일에 15시간 이상 일해야 한다는 것입니다. 어쨌든 주 40시간 일한 노동자의 월급을 계산할 때는 1주일에 48시간 일했다고 칩니다.

그런데 모든 달이 30일인 것은 아닙니다. 31일인 달도 있고, 2월은 28일이며, 심지어 29일인 해도 있습니다. 하지만 매달 일수를 따져서 임금을 주는 것이 복잡하므로, 1년을 기준으로 계산해 12로 나눈 금액을 월급으로 주기로 정했습니다.

1주일에 40시간 노동한 사람의 임금을 계산할 때의 하루 평균노동시간은 주휴수당을 포함하면, (40시간+8시간)/7이 됩니다. 여기에 365를 곱하고 이를 12로 나누면 월급을 계산할 때의 노동시간이 나옵니다. (40시간 + 8시간) ÷ 7일 × 365일 ÷ 12개월 ≒ 208.57시간입니다.

209라는 숫자는 이렇게 나온 것입니다. 살아가면서 꽤 여러 번, 어쩌면 달마다 마주칠 숫자이니 잘 기억하시기 바랍니다.

결론

구성의 오류에서 벗어나기

지금까지 한 이야기를 요약하면 다음과 같습니다.

먼저, 알바도 노동자입니다. 따라서 「근로기준법」의 보호를 받을 수 있고 노동조합을 결성하고 단결하고 행동할 수 있는 권리를 지닙니다.

둘째, 아르바이트노동은 능력 없고 할 일 없는 사람들이 하는 하찮은 일이 아니라 신자유주의 경제체제가 자신의 필요 때문에 사회적으로 만들어 낸 노동입니다. 사장님의 필요에 따라 언제든지 노동자를 사용할 수 있는 시간제 일자리나, 언제든지 해고할 수 있는 정리해고법, 임금을 줄이고 기업이 노동자들에 대해 책임을 지지 않을 수 있는 간접고용 등이 대표적입니다. 이런 것을 통칭해서 '비정규 불안정 노동'이라 부르고 이러한 시대에 탄생한 불안정한 노동자 계급을 '프레카리아트'라고 부릅니다. 따라서 일자리를 구하지 못해 사회적 잉여로 살아가거나 비정규직으로 취직하거나 돈이 없는 것은 개인의 책임이 아니라 사회가 책임져야 하는 문제입니다. 특히, 막대한 부를 가져가는 대기업과 투기불로소득자들 그리고 이들의 지지를 받는 정치권력에 그 책임이 있습니다.

마지막으로 이러한 사회의 대안으로 '최저임금 1만원'과 '알바노동자들의 단결과 저항'을 제시했습니다. 전자는 평범한 사람들을 위한 경제가 무엇인지를 말해 주고, 후자는 그러한 변화를 이끌어내기 위한 주체가 바로 알바노동자, 비정규 불안정 노동자 자신이라는 것을 의미합니다.

이 책에서 제시한 대안적인 사회는 1950년대 황금자본주의 시기, 케인스가 바라던 세상으로 돌아가자는 이야기가 아닙니다. 자연의 한계, 기술의 발전 등으로 완전고용이 보장되는 시대로 돌아가기는 어렵습니다. 가장인 남성은 가족의 생계를 위해 쉴 새 없이 일하고 여성은 집안에서 가사노동과 육아를 책임지는 세상이 과연 좋은지 되물어야 합니다. 고용이 보장된 정규직노동자들이 과로사와 각종 질병에 시달리는 현실을 놓치지 말아야 합니다. '최저임금 1만원'이 바라는 세상은 일은 좀 더 적게 하고 소득은 충분한 사회입니다. 노동시간 단축을 통해 일자리를 늘릴 수 있고, 충분한 소득보장을 통해 누구나 정치적, 문화적, 사회적 참여를 활발히 할 수 있는 사회경제적 조건을 만들 수 있습니다.

시간제 일자리로 대표되는 비정규 불안정 노동은 전 세계적인 현상입니다. 워낙 비정규노동자들이 많으니 최저임금을 인상하지 않으면 이들의 생계 자체가 위험해지고 이것은 또 다른 사회적 비용을 발생시키기 때문에, 최저임금 인상은 우파에게도 중요한 이슈가 된 것입니다.

지금의 정규직노동자들의 노동시간을 대폭 줄이면서도 소득은 충분히 보장되는 것이 필요합니다. 그리고 줄어든 노동시간을 다른 노동자들이 채우면서 고용을 창출하고, 정규직이든 비정규직이든 생활에 충분한 소득을 받으면서 살아가는 것이 필요합니다. 이것을 위한 필수조건으로 '최저임금 1만원'이 필요합니다.

물론 '최저임금 1만원'만으로는 충분하지 않습니다. 고용이 불안정한 비정규직과 아르바이트노동자들에게는 추가적인 보호 장치가 필요합니다.

고용 없는 성장의 대안, 기본소득

오늘날 고용시장의 특징은 실업과 고용이 반복되는 비정규 불안정 노동자들이 늘어나고 있는 것, 자연의 한계로 인해 끊임없는 개발을 통한 일자리 창출이 불가능한 것, 끊임없는 기술개발로 일자리가 사라지고 있는 것 등입니다. 즉 실업자, 잉여노동자, 비정규직이 다수 존재하는 것이 필수적인 경제체제라는 것입니다.

이런 상황에서 고용을 전제로 하는 '최저임금 1만원'에는 한계가 있습니다. 노동자가 되어 착취당하는 것조차 경쟁해야 하는 상황이기 때문입니다. 또 새로운 일자리를 인위적으로 만들어 내기에는 자연의 한계가 분명합니다. 인위적인 성장을 한다 해도 좀처럼 일자리가 만들어지지는 않습니다. 10억을 투자했을 때 일자리가 얼마나 만들어지는지를 나타내는 취업유발계수는 건설업, 제조업 등 주요한 산업분야에서도 해가 갈수록 낮아지고 있습니다.

이러한 '고용 없는 성장'의 경제체제를 전환하기 위한 아이디어로 '기본소득'이 제시되고 있습니다. 모든 국민에게 매월 급여를 지급하자는 것입니다. 재원은 부동산 투기나 금융 투기로 발생하는 수백조 규모의 불로소득과 부자들에 대한 증세로 마련합니다.

기업은 우리에게 월급을 주지만 그 대신에 노동을 통해 발생한 막대한 이윤을 가져갑니다. 건물주는 집세를 가져갑니다. 은행은 이자를 가져가게 됩니다. 일자리를 얻기 힘든 오늘날에도 이들은 우리가 가지고 있는 것들을 빼앗아 갈 수 있습니다. 돈을 벌지 못해도 몸이 아프면 어쩔 수 없이 병원비를 내야 하고 신용카드를 이용해 소비를 하게 됩니다. 또 휴대전화를 사용하지 않을 수 없으며 높은 의료비에 대한 공포 때문에 보험에 들게 합니다. 이것은 고스란히 자본의 수입이 됩니다.

기본소득은 이렇게 우리가 빼앗긴 것을 다시 돌려받자는 아이디어입니다. 기본소득은 고용 기간보다 실업 기간이 긴 비정규 불안정 노동자들, 노동시장에서 배제된 실업자들과 장애인, 언제 해고될지 모르는 불안에 시달리는 정규직노동자 모두에게 희망이 될 수 있습니다. 기본소득이 보장되면 소위 '3D 업종'은 사라지거나 높은 임금을 주어야 일할 사람을 구할 수 있게 될 것입니다. 위에 고여서 흐르지 않는 부가 모든 국민들에게 나누어 지급되기 때문에 내수도 살아나고 경제의 활기도 되찾을 수 있습니다.

무엇보다도 지금의 경제체제에서라면 돈이 안 되는 일이지만 자신이 하고 싶었던 일을 찾아서 할 수 있습니다. 예술가가 돈벌이를 위해 작품 활동을 하는 것이 아니라 자신이 추구하는 작품에 몰두할 수도 있고, 귀농을 꿈꾸는 사람에게 부족한 현금소득을 보조해 줄 수도 있습니다. 자신의 꿈을 접고 9급 공무원에 몰두하는 수많은 청년들이 자신이 하고 싶었던 일에 도전할 수 있습니다. 이런 사회라면 세상이 청년들에게 패기나 도전에 대해 말할 수 있을 것입니다.

이러한 체제가 효율적입니다. 억지로 일자리를 만들기 위해 사회에 불필요하고 환경에 유해한 삽질을 하기보다는 개인도 만족하고 사회에도 유용한 일들이 늘어나기 때문입니다. 예술작품이 다양해지는 것은 문화적으로 좋은 일이며, 농사를 짓는 사람이 늘어나는 것 역시 사회적으로 좋은 일입니다. 각자의 노동시간은 줄지만 사회적으로 필요한 노동은 늘어날 것입니다. 좀 더 안전하고 환경 친화적인 노동환경과 생산체계를 만들기 위한 일자리가 늘어날 수도 있습니다. 무엇보다도 모두가 의사, 검사, 공무원 따위를 꿈꾸게 되며 발생하는 비효율을 없앨 수 있습니다.

'최저임금 1만원'이 현장에서 노동 현실을 바꿀 수 있는 대안이라면, 기본소득은 사회 전체의 노동을 전환할 수 있는 대안일 수 있습니다.

개인의 패기가 아니라 서로에게 기댈 수 있는 용기가 필요한 때

삶의 철학과 방식을 선택하는 것은 결국 자기 자신입니다. 지금까지 사회구조에 대해 주야장천 이야기해 왔지만, 그러한 사회구조를 바꾸기 위한 행동과 삶을 살아가는 것, 사회운동에 지지를 보내고 응원하는 것은 자신의 선택입니다. 조금 철학적으로 이야기하자면, 자신의 양심과 정치적 신념에 대한 실존적 질문입니다. 『88만원 세대』를 읽은 많은 청년이 암울한 구조 속에서 살아남기 위해 스펙 쌓기를 선택하고 경쟁에서 승리한 것에 대한 차별적인 대가를 바라는 것은 사회시스템을 이해하는 것과 그것을 바꾸기 위해 참여하는 것

사이의 간극을 보여 줍니다. 이 책은 다만 사회구조를 바꾸는 것을 선택하는 것이 그렇게 어려운 일만은 아니라는 것과 그것이 훨씬 우리에게 이익이라는 것을 보여 줄 뿐입니다.

'구성의 오류'라는 말이 있습니다. 개개인에게는 이익이 되는 합리적인 행동이 사회 전체적으로는 해가 되는 경우를 말합니다. 은행이 곧 도산해서 저축한 돈을 찾을 수 없게 된다는 소문을 들었다면 한시라도 빨리 돈을 인출하는 것이 자신에게는 합리적인 일입니다. 그러나 개개인의 이 합리적인 행동이 한꺼번에 일어나면 '뱅크런'이 벌어져서 은행이 도산하게 됩니다. 집값이 계속해서 오르고 있는 중이라면 대출을 해서라도 집을 구입하는 것이 합리적이지만, 이런 일로 인해 사회 전체적으로는 부동산 거품이 생기고 집값이 오르면 결국 모두가 피해를 보게 됩니다.

구성의 오류는 경제학의 세계에서만 벌어지는 것이 아닙니다. 우리 사회 전체적으로 벌어지고 있다고 볼 수 있습니다. 지금의 최저임금을 받고 일하는 것이 '최저임금 1만원'을 만들기 위한 캠페인에 참여하는 것보다 개인적으로는 합리적인 일일 수도 있습니다. 노동조합을 만들고 사장님과 단체협상을 벌이기 위해 노력하는 것보다 노동청에 신고해서 체납된 임금을 간단히 받는 것이 합리적일 수도 있습니다. 그러나 모두가 이런 선택을 하게 되면 사회 전체적으로 노동자들의 최저임금이 오르거나 노동환경이 개선되지는 않을 것입니다. 그렇게 되면 결국 그 피해는 알바를 해야 하는 개인에게 돌아옵니다.

이러한 구성의 오류에서 벗어나기 위해서는 한 사람의 용기가 아니라 타인의 힘을 청하는 용기가 필요하다고 봅니다. 내가 겪은 일이 사실은 우리 사회를 살아가는 모두의 일이며 따라서 나의 일이 곧 당신의 일임을 전하고, 그들의 힘을 구하는 것입니다. 오롯이 자기 자신만을 믿으라고 이야기하는 세상에서 타인을 믿는다는 것은 매우 어려운 일입니다. 우리는 이것을 '연대'라고 부를 수 있을 겁니다.

그리고 타인을 신뢰하는 자기 자신을 믿는 것이 필요합니다. 이럴 때에 스펙이 아니면 자기 자신을 긍정할 것이 없는 우리가 사회적 존재로서 자기 자신을 긍정할 수 있는 힘을 가질 수 있다고 봅니다. 그리고 자신이 하고 싶은 일과 욕망에 솔직해질 수 있고, 그것을 세상에 요구할 수 있습니다. 노동자라는 사회적 존재, 나라의 주권자라는 정치적 존재, 함께 살아가는 공동체의 성원이라는 자기 존재에 대한 긍정이 필요할 때입니다. 그래서 알바노동자라는 말은 사회로부터 멸시당하는 비정규직, 알바, 불안정한 삶을 살아가는 이 시대의 백수와 잉여들이 자신의 삶과 존재를 긍정하는 표현입니다.

'최저임금 1만원' 시대가 두렵습니까? 저는 현재의 여러분과 저의 삶이 더 두렵습니다. 월급 209만원을 받는 것에 죄스러운 마음이 드는 게 두렵습니다. 이 '두려움'을 지우고 '알바노동자'라는 말을 써넣어 보는 것은 어떨까요?

박정훈

배달노조를 꿈꾸는 현직 맥도날드 라이더. 알바연대 대변인 고 권문석과 알바연대 건설을 함께했으며, 2기 알바노조 위원장을 지냈다. 지금은 배달 일과 알바상담소에서의 상담 활동을 병행하고 있다. 글 쓰는 걸 좋아해 한겨레 '2030 잠금해제' 코너에 1년 6개월 동안 「1,060원짜리 구조조정」, 「최저임금 1만원엔 죄가 없다」, 「폭염수당」, 「전월세 난민」 등 알바노동자의 인권과 평범한 사람들의 삶에 관한 글을 썼다. 지은 책으로는 『알바들의 유쾌한 반란』(박종철출판사)과 『말이 되는 소리하네』(명랑한 지성, 공저) 등이 있다.

최저임금 1만원-알바들의 유쾌한 반란

저자 박정훈
펴낸곳 도서출판 박종철출판사
주소 (10497) 경기도 고양시 덕양구 화중로104번길 28, (화정동 씨네마플러스) 704호
전화 031-968-7635(편집), 031-969-7635(영업), 031-964-7635(팩스)
신고번호 제 2013-000045호 / **신고연월일** 1990년 7월 12일

초판 1쇄 발행일 2014년 3월 25일
초판 2쇄 발행일 2014년 5월 1일
초판 3쇄 발행일 2015년 6월 15일

개정판 1쇄 발행일 2018년 7월 12일

ISBN 978-89-85022-84-2 03300

값 15,060원 (2018년도 시간당 법정 최저임금 7,530원 × 2)